BASTEI
LÜBBE

Über die Autorinnen:

Jennifer Axen ist Journalistin und schreibt für zahlreiche US-amerikanische Zeitschriften von Allure bis Onion. Sie lebt in Los Angeles. Leigh Phillips beschäftigte sich an der University of Manchester mit Frauenforschung und Gender Studies und lebt heute in der Nähe von San Francisco.

JENNIFER AXEN & LEIGH PHILLIPS

ALLES WAS DU KANNST KANN ICH VIEL BESSER

FRAUEN MACHEN MÄNNERSACHEN

Aus dem Englischen von Petra Trinkaus

BASTEI LÜBBE

BASTEI LÜBBE TASCHENBUCH
Band 66413

1. Auflage: November 2007

Bei der Realisierung dieses Buches ließen wir größtmögliche Sorgfalt walten.
Doch bitte beachten Sie, dass hier lediglich Tipps gegeben werden und keine technischen Anweisungen. Sollte es beim Ausprobieren der Tipps zu Unfällen oder Schäden kommen, bedauern wir dies sehr, übernehmen dafür aber keine Haftung.
Passen Sie gut auf sich auf!

Vollständige Taschenbuchausgabe
Bastei Lübbe Taschenbücher in der Verlagsgruppe Lübbe
Deutsche Erstausgabe

First published in English by Chronicle Books LLC, San Francisco, California.
Titel der Originalausgabe: »Anything You Can Do I Can Do Better«

Verfasserin der Kapitel »Ich kann die Abseitsregel erklären!« und »Ich kann Skat spielen!« ist Gunda Wienke.
Verfasserin des Kapitels »Ich kann Lampen anschließen!« ist Petra Trinkaus.

Titelillustration: Roxanne Baer-Block / Gestaltung: Yoshie Matsomoto
Umschlaggestaltung: Bianca Sebastian
Satz: Bosbach Kommunikation & Design GmbH, Köln
Druck und Verarbeitung: GGP Media GmbH, Pößneck
Printed in Germany

ISBN 978-3-404-66413-9

Für unsere Väter, Kelvin Phillips und Kurt Axen,

die uns zu »Kann ich«-Mädels erzogen haben.

Inhalt

Inhalt

Ich kann … dieses Buch lesen!

Wollten Sie schon immer mit Wildfremden an der Theke stehen und über Sport reden? Stehen Sie abseits, wenn über die Abseitsregel gefachsimpelt wird? Haben Sie schon immer davon geträumt, beim Billard abzuräumen? Allen Frauen dieser Welt, die es endgültig leid sind, sich von den Typen auslachen, einschüchtern oder einfach ausschließen zu lassen, kann jetzt geholfen werden!

Vor Ihnen liegt ein umfassendes Handbuch für alle Mädchen, die gern mit Jungs spielen – und sie auf deren eigenem Feld schlagen wollen. Trotz der gewaltigen Fortschritte, die die Gleichberechtigung in den vergangenen hundert Jahren gemacht hat, gibt es immer noch einige Männerbastionen. »Alles, was du kannst, kann ich viel besser« reißt diese letzten Barrieren nieder und hilft allen Frauen, souverän an der Theke zu fachsimpeln, selbst in der Bundesligapause.

In sechs Kapiteln liefern wir schnelle, einfache Anleitungen zum Umgang mit den unterschiedlichsten Männerthemen – alles, von der Abseitsregel bis zum Beladen des Kofferraums, vom Tranchieren von Fleisch bis zum Rangieren von Sofas durch Türen. Jedes Thema wird ausführlich erklärt (mal ehrlich – so kompliziert ist das alles auch wieder nicht!), und zu den meisten gibt es kleine »Mogelpackungen«, mit denen Sie die einschlägigen Schlagworte lernen und Freunde mit Ihren neu erworbenen Kenntnissen blenden können.

Und damit Sie sich diese Fertigkeiten wirklich ganz zu eigen machen können, geben wir Ihnen im »Damenprogramm« Tipps, wie Sie diesem ganzen Jungskram die dringend benötigte weibliche Note verleihen.

Ob Sie in der Konferenz auftrumpfen, beim Weitspucken gewinnen oder Whisky trinkend eine Zigarre paffen wollen – dieses Buch liefert praktisch die Erfolgsgarantie. In kürzester Zeit werden Sie selbstsicher auftreten, wo andere Frauen sich kaum hinwagten, und dabei auch noch toll aussehen!

Wir wollen mit diesem Buch einige der männlichen Künste entmystifizieren und die geheime Welt der Männer ein bisschen weniger geheim machen. Es ist doch gar nicht einzusehen, dass Jungs grillen dürfen und Mädels abwaschen müssen! Es ist nicht einzusehen, dass unsere männlichen Kollegen ohne uns auf den Golfplatz fahren! Oder dass Männer gefährliche Insekten töten dürfen und wir shoppen müssen! Okay, Letzteres klingt vielleicht ganz vernünftig, aber das Prinzip ist klar.

Auf den folgenden Seiten finden Sie alles, was Sie schon immer über die Männerwelt wissen wollten. Nach der Lektüre sind Sie bestimmt unserer Meinung – alles, was die können, können wir wirklich besser!

2:31
54
57
7

Kapitel 1

Sport und Spiel

Die meisten Frauen kennen solche Situationen: Sie sind mit einer Gruppe von Freunden zusammen, und das Gespräch kommt auf den gerade angesagten Sport – Fußball, Eishockey oder vielleicht Basketball. Gerade noch waren Sie mittendrin, unterhielten sich und machten witzige Sprüche. Jetzt steht die Abseitsregel zur Debatte, und plötzlich stehen *Sie* abseits. Natürlich würden Sie gern mitreden. Das Problem ist, Sie wissen einfach nicht genug darüber. Wenn es um die Bundesliga, die Champion's League und Trainerwechsel geht, sind Sie – mit Verlaub – ein bisschen unterbelichtet. Keine Angst: Hilfe naht!

Es ist kein Geheimnis, dass viele Mädchen sportfern erzogen wurden. Die Ursachen dafür sind zahlreich: wenig Angebote, noch weniger Anleitung und nicht genug Rollenvorbilder. Vielleicht haben Sie eine Tante, die auf Eishockey steht, oder eine Freundin, die gerne zum Fußball geht, aber solche Frauen sind – ehrlich gesagt – in der Minderheit.

Nach den Theorien der Evolutionsbiologie speichert das menschliche Gehirn nur jenes Wissen, das für das Überleben des jeweiligen Individuums relevant ist. Man stelle sich das Gehirn als eine Art Fliegenfänger vor: Informationen sind überall im Raum unterwegs und rasen die ganze Zeit an uns vorbei, aber hängen bleibt nur, was für unsere ganz persönliche Welt wichtig ist. Historisch gesehen hatte der Sport bei Frauen also nie eine Chance. Das aber wird sich jetzt ändern.

Frauen haben alles, was sie zum Mitspielen brauchen; sie brauchen nur etwas Übung, wenn sie beim Armdrücken gewinnen, auf der Rennbahn absahnen oder einfach nur überzeugend so tun wollen, als wüssten sie, was sich in der Sportwelt tut.

Ich kann ... die Abseitsregel erklären!

Jede Sportart hat eine bestimmte Schlüsselregel. Diese Regel gilt es zu verstehen und erklären zu können, denn damit beweist man Beschlagenheit und Begeisterung für das Spiel. Beim Fußball ist diese Regel die Abseitsregel, die wie keine andere die Taktik und Dynamik des Spiels beeinflusst.

Die Abseitsregel

Bereits 1863 wurden von der englischen Football-Association die ersten Fußball-Grundregeln fixiert. Weder die Dauer des Spiels noch die Zahl der Spieler, noch die Größe des Feldes oder der Tore waren festgelegt, aber es gab bereits die erste Abseitsregel: Danach galt es als unfair, Tore im Rücken des Gegners zu erzielen. Damals mussten noch mindestens drei verteidigende Spieler zwischen der Torlinie und dem in Torrichtung angespielten Angreifer positioniert sein.

Der heute gültigen Fassung aus dem Jahr 1925 ging eine achtjährige Regeldiskussion voraus. Seitdem gilt: Der Vorwärtspass eines Angreifers ist nur dann erlaubt, wenn mindestens zwei gegnerische Spieler (meist der Torwart und ein Abwehrspieler) zwischen der Tor(aus)-linie und dem angespielten Mitspieler stehen. Eine Regelmodifikation von 1990 erlaubt dem Angespielten eine Position auf »gleicher Höhe« mit den gegnerischen Verteidigern.

Wie die Regel angewandt wird

So gesehen ist die Abseitsregel eindeutig und gar nicht schwer zu verstehen, richtig?

Aber ganz so einfach ist es dann doch wieder nicht. Es ist eine Sache, die Regel nachzuvollziehen, aber eine andere ist es, die vergleichsweise komplexe Regel während einer flüchtigen Spielsituation parat zu haben. Schließlich müssen gleich mehrere Ereignisse und Figuren auf dem Spielfeld gesehen und miteinander in Beziehung gesetzt werden. Hat man jedoch erst einmal die Grundelemente intus und die Abseitsregel »mit allen Sinnen« erfasst, dann weiß man, was es heißt, wenn der Kommentator sagt: »Das roch nach Abseits.«

Die erste Schwierigkeit liegt im Begriff selbst. Kurz vor dem Ersten Weltkrieg wurde auf staatliches Geheiß das englische »offside« mit »Abseits« in Fußballdeutsch übersetzt. Die Bezeichnung ist unglücklich gewählt, da offside/Abseits ursprünglich etwas Passives meint, nämlich jemanden, der nicht eingreift oder beiseitesteht.

Der angreifende Spieler ist aber nur abseits, wenn er aktiv ist. Bleibt er passiv, wird nicht Abseits gegeben, selbst wenn er im Abseits steht. Als aktives Eingreifen gilt:

- Spielen/Berühren des Balles

- Beeinflussen eines Gegners in der aktuellen Spielsituation (z. B. durch Sichtbehinderung)

- Vorteil nutzen aus der Abseitsstellung, wenn ein von Latte, Pfosten oder Gegner abprallender Ball gespielt wird.

Das zweite Problem ist die menschliche Wahrnehmung. Rein praktisch sind die Augen bei der Beurteilung vieler Spielsituationen überfordert, da es nicht möglich ist, gleichzeitig den abgespielten Ball und den angespielten Akteur scharf im Blickfeld zu halten.

Und drittens gibt es vielfältige Ausnahmen von der Regel. Kein Abseits liegt vor, wenn ein Spieler den Ball direkt von

- einem Abstoß oder
- einem Einwurf oder
- einem Eckstoß erhält.

Zudem ist es dem Spieler erlaubt, sich außerhalb des Spielfeldes zu stellen, um dem Schiedsrichter klar anzuzeigen, dass er nicht aktiv in das Spielgeschehen eingreift.

Ein Spieler der verteidigenden Mannschaft würde in dieser Situation wegen unerlaubten Verlassens des Spielfeldes mit einer gelben Karte verwarnt. Dem Angreifer hingegen ist es erlaubt, so die Abseitsposition aufzuheben. Wenn das Verlassen des Spielfeldes allerdings nur einen taktischen Zweck verfolgt und der Spieler unmittelbar danach wieder ins Spiel eingreift, gibt es ebenfalls eine Verwarnung, und der Schiedsrichter verhängt einen indirekten Freistoß von der Stelle aus, an welcher der Spieler auf den Platz zurückgekehrt ist.

Die dynamischen Elemente und vielen Ausnahmen erschweren die eindeutige Anwendung der Abseitsregel. Da jedes Abspiel eine neue Spielsituation nach sich zieht, liegt es im Ermessen des Schiedsrichters, zu entscheiden, ob eine neue Spielsituation vorliegt und der Angreifer somit im Abseits steht oder nicht.

Auch versierte Fußballfans beenden die häufigen Diskussionen, ob denn nun Abseits vorgelegen habe, mit einem resignierten »Abseits ist, wenn der Schiedsrichter pfeift«.

Bestraft wird der Regelverstoß mit einem indirekten Freistoß für die gegnerische Mannschaft von der Stelle, wo sich der Verstoß ereignete.

Jargon

Abseitsfalle: Eine Defensivtaktik, die gegnerische Mannschaft gezielt ins Abseits laufen zu lassen, indem die Verteidiger kurz vor dem gegnerischen Ballabspiel schnell nach vorne (vom eigenen Tor weg) laufen.

Passives Abseits: Der Fußballer ist nur abseits, wenn er aktiv ist. Bleibt er passiv, wird nicht Abseits gegeben, selbst wenn er im Abseits steht.

Indirekter Freistoß: Bei dieser Freistoßvariante darf der Ball nicht direkt aufs Tor gespielt werden. Der Freistoßschütze muss erst einen anderen Spieler anspielen, um ein Tor zu erzielen.

Ich kann ... Poolbillard spielen!

Um den Billardtisch steht eine Gruppe Biker. Die Luft ist rauchgeschwängert. Eine attraktive Frau in engen Jeans schlendert an den Tisch und wirft herausfordernd einen Zwanzig-Euro-Schein auf den grünen Filz. Dann zieht sie nacheinander alle Typen in dem Raum beim Billardspiel ab und verlässt das Lokal mit vollgestopften Taschen. Geben wir's zu, Ladys: Davon haben wir alle schon einmal geträumt – nur um mit der harten Wirklichkeit konfrontiert zu werden, dass wir bestenfalls einen Ball ohne Scratch einlochen können. Vielleicht können wir Sie nicht sofort zum Billard-Ass machen, aber wir können Sie vor größeren Blamagen bewahren.

Die korrekte Queue-Haltung

Beim Poolbillard ist die richtige Haltung des Stocks oder Queues der erste Schritt zum Erfolg. Man greift das Queue locker mit der rechten Hand (Linkshänder/innen mit der linken Hand). Der Arm ist entspannt nach hinten abgewinkelt, und das Handgelenk sollte gerade nach unten hängen. Mit der anderen Hand bildet man auf dem Billardtisch die Brücke, die den Stock beim Stoßen stützt. Entscheiden Sie sich für die Art von Brücke, die Ihnen am meisten liegt.

Bei der offenen Brücke legt man die Hand flach auf den Tisch, wölbt die Knöchel nach oben, legt den Daumen so weit nach vorn, dass er den Zeigefinger berührt, und spreizt dann Mittelfinger, Ringfinger und kleinen Finger, sodass sie die Hand auf dem Tisch gut stabilisieren. Das Queue ruht auf dem

Zwischenraum zwischen Daumen und Zeigefinger.

Man kann die Faust auch geschlossen halten, statt die Finger auf dem Tisch zu spreizen. Diese Haltung heißt geschlossene Brücke. Man macht eine Faust, die man auf den Tisch legt, öffnet Zeigefinger und Daumen und formt damit einen Ring, durch den das Queue geführt wird. Die restlichen Finger spreizt man zum Abstützen auf dem Tisch.

Die Brücke ist die Basis des Spiels. Ist sie zu stark, zu schwach, zu hoch, zu niedrig, zu locker oder zu sonstwas, wirkt sich das auf den Stoß aus.

Zielen

Vor den Stoß haben die Billardgötter das Zielen gesetzt. Folgende Schritte sind auf dem Weg zum zielsicheren Spiel zu beachten:

- Die Beine spreizen und die Brückenhand weit von sich halten. So entsteht die stabile »Dreiecksstellung«.
- Mit Zielübungen lockert man den Arm und steigert die Zielgenauigkeit.
- Das Queue parallel zum Boden halten. Einer der häufigsten Anfängerfehler besteht darin, das Queue zu schräg zu halten.
- Den Kopf sehr tief halten, fast mit dem Kinn auf dem Queue.
- Ein Auge so nahe wie möglich am Queue halten, um besser zielen zu können.

Stoßen

Nach der richtigen Haltung kommt der schwierige Teil: das Treffen. Es ist ganz schön schwer, ein rundes Objekt gegen ein anderes rundes Objekt zu stoßen und sie nach seinem Willen zu dirigieren. Zunächst muss man die ideale Stelle auf dem Zielball finden (das ist der, den man einlochen will). Am leichtesten findet man den besten Punkt, wenn man das Queue nimmt, tut, als würde man den Zielball direkt anstoßen, und sich den Weg vorstellt, den der Ball nehmen muss, um in die Tasche zu gelangen. Auf diesen Punkt muss man mit dem Spielball (dem weißen Ball) zielen. Nun stößt man so, dass der Spielball den Zielpunkt auf dem Zielball trifft. Der Stoß sollte fest, aber nicht zu hart sein.

Spielen

Das verbreitetste Spiel ist »Eight Ball«. Ein Spielball und fünfzehn nummerierte Zielbälle werden mit Hilfe eines dreieckigen Rahmens auf dem Tisch arrangiert. Der schwarze Ball mit der 8 liegt genau in der Mitte. Ein Spieler versucht die Bälle mit den Nummern 1 bis 7 (»Volle«) einzulochen, der andere die Bälle mit den Nummern 9 bis 15 (»Halbe«). Ball Nummer 8 (ganz schwarz) bleibt bis zum Schluss auf dem Tisch liegen. Zum Start stößt der erste Spieler den Spielball in die aufgestellten nummerierten Bälle (ob man die halben oder die vollen Bälle spielt, kommt darauf an, welche Sorte man als erste einlocht. Sobald man einen vollen oder halben Ball versenkt hat, darf man während des restlichen Spiels nur noch diese Sorte Bälle stoßen). Kann man einen Ball nicht einlochen, ist der andere Spieler an der Reihe. Wer seine sämtlichen Bälle eingelocht

hat, darf sich an der 8 versuchen. Wer die 8 als Erster versenkt, hat gewonnen. Locht man die 8 versehentlich ein, bevor man mit seinen Bällen fertig ist, oder »scratcht« man (siehe »Jargon«), während man die 8 zu versenken versucht, hat man das Spiel verloren.

Übung macht hier wirklich den Meister; da Sie nun die Grundregeln kennen, sollten Sie den nächsten Billardsalon aufsuchen und loslegen. Schon bald könnte Ihr Traum von der Billardkönigin Wirklichkeit werden.

Jargon

Spielball: der weiße Ball

Einlochen oder Versenken: einen nummerierten Ball in eine der Taschen (Löcher) stoßen

Scratch: den Spielball in eine der Taschen stoßen

Dreieck: der Rahmen, mit dem man die Bälle vor Spielbeginn auf dem Tisch platziert

Ich kann … pokern!

Wer ein Poker-Ass werden will, braucht Können, Nerven und Gerissenheit. Gründliche Kenntnis der Regeln ist unerlässlich. Aber um wirklich die Spielclubs zu erobern, müssen Sie Ihre Beobachtungsgabe schärfen und Ihr Pokerface perfektionieren.

Die Regel

Das Prinzip des Pokerns ist, dass jeder Spieler, wenn die Reihe an ihm ist, einen bestimmten Geldbetrag „setzt“, d.h. in den Pot in der Mitte des Tisches legt. Wer am Ende das beste Blatt hat, streicht den Pot ein. Jeder Spieler bewertet sein Blatt, rechnet sich die Chancen aus, dass kein anderer Spieler ein höherwertiges Blatt hat als er selbst, und setzt danach sein Geld.

Im Prinzip gibt es zwei Methoden, den Pot zu gewinnen: entweder das beste Blatt zu haben oder allen vorzumachen, Sie hätten das beste Blatt. Jeder Spieler zahlt eine vorher festgelegte Summe in den Pot ein, bevor die Karten verteilt werden. Der Dealer gibt die Karten; er beginnt immer beim Spieler zu seiner Linken und teilt im Uhrzeigersinn aus. Die Anzahl der Karten richtet sich nach dem jeweiligen Spiel, aber jede Pokerhand basiert auf nur fünf Karten.

Das Spiel

Es gibt zwei Poker-Grundtypen – Stud Poker und Draw Poker. Beim Draw Poker darf man nach dem ersten Austeilen noch neue Karten ziehen und kann die Karten der anderen Spieler nicht einsehen. Beim Stud-Poker darf man keine neuen Karten ziehen. Einige Karten liegen aufgedeckt, sodass die anderen Spieler sie sehen können. Beide Varianten lassen sich mit fünf oder sieben Karten spielen.

Bei der verbreitetsten Form des Spiels – Five Card Draw Poker – bekommt man fünf Karten verdeckt zugeteilt. Die Blätter zählen folgendermaßen (vom höchsten zum niedrigsten):

Royal Flush: Ass, König, Dame, Bube und Zehn von derselben Farbe

Straight Flush: fünf zusammenhängende Karten derselben Farbe (z. B. Kreuz Zwei, Drei, Vier, Fünf und Sechs)

Four of a Kind: vier Karten desselben Werts (z. B. vier Vieren)

Full House: zwei respektive drei Karten jeweils eines Werts (z. B. zwei Dreien und drei Achten)

Flush: fünf Karten derselben Farbe ohne besondere Reihenfolge (z. B. alles Herzen)

Straight: fünf aufeinanderfolgende Karten unterschiedlicher Farben

Three of a Kind: drei Karten desselben Wertes (z. B. drei Asse)

Two Pairs: je zwei Karten desselben Wertes (z. B. zwei Damen und zwei Zehnen)

One Pair: zwei Karten desselben Wertes

Highest Card: Die Hand wird nur nach der höchsten Karte bewertet, meist einem Ass.

Haben zwei oder mehr Spieler das gleiche Blatt, gewinnt der Spieler mit den höchsten Karten.

Bieten

Jeder Spieler schaut in seine Karten und entscheidet, ob er im Spiel bleibt. Wer weiterspielen will, muss bieten. Hier gibt es mehrere Möglichkeiten:

Check. Man setzt nicht, sondern übergibt an den nächsten Spieler. Das geht nur, wenn man als Erste an der Reihe ist und noch kein anderer Spieler geboten hat.

Call. Man bietet dieselbe Summe wie der vorherige Spieler.

Raise. Man erhöht die Wette und zwingt alle anderen Spieler, gleichzuziehen oder den Einsatz zu erhöhen.

Fold. Man entscheidet sich, nicht zu bieten, legt die Karten nieder und verzichtet auf seinen gesamten bisherigen Einsatz.

Wer im Spiel bleiben will, muss nicht nur mit dem vorhergehenden Spieler gleichziehen oder ihn überbieten, sondern mit allen Geboten dieser Runde, auch denen, die nach dem eigenen Gebot gemacht werden.

Wer bietet, muss sein ursprüngliches Gebot so weit erhöhen, dass er mit dem höchsten Gebot gleichzieht oder es überbietet, unabhängig davon, wer zuerst gespielt hat. Setzt zum Beispiel der erste Spieler 5 €, geht der zweite Spieler mit (setzt ebenfalls 5 €) und erhöht der dritte Spieler auf 7 €, so müssen auch die beiden ersten Spieler ihr Gebot um 2 € erhöhen, um im Spiel zu bleiben. Man kann nicht weniger oder gar nicht bieten, es sei denn, man wäre der erste Spieler und entschlösse sich zu checken (zu passen). Bei den meisten Spielen gibt es ein Limit, wie viel in einer Runde geboten werden kann (z. B. nicht mehr als 2 € auf einmal) und wie oft das Gebot erhöht werden darf (z. B. höchstens dreimal in jeder Runde). Ein Aussteigen ist zu jedem Zeitpunkt möglich.

Ziehen

Sobald die erste Gebotsrunde abgeschlossen ist, können die Spieler bis zu drei Karten mit dem Dealer tauschen. Dies machen alle Spieler abwechselnd in der Reihenfolge, in der die Karten gegeben wurden. Das nennt man »Ziehen«. Es wird blind gezogen, das heißt, man kann die Karten nicht vorher einsehen.

Es folgt eine weitere Gebotsrunde. Wieder kann man aussteigen, checken, mitgehen oder erhöhen. Wenn alle Spieler mitbieten, kommt es zum Showdown. Alle Spieler zeigen ihre Karten, und das höchste Blatt gewinnt. Bleibt nach dem zweiten Bieten nur ein Spieler übrig – weil alle anderen ausgestiegen sind –, muss er seine Karten nicht einmal zeigen. Das geschieht am häufigsten beim Bluffen.

Bluffen

Hat man ein schlechtes Blatt, glaubt aber die anderen Spieler durch Bluffen vom Gegenteil überzeugen zu können, kann man versuchen, immer weiter zu erhöhen, bis die anderen Spieler aussteigen, weil sie das Blatt für unschlagbar halten. Zum Bluffen braucht man ein Pokerface sowie gute Kenntnisse der menschlichen Körpersprache. In der Regel beugen sich Spieler mit einem guten Blatt zu ihren Karten hin – sie wissen, dass sie gute Gewinnchancen haben und sind deshalb nervös.

Arbeiten Sie an der eigenen Körpersprache. Studieren Sie die der anderen Spieler und handeln Sie dementsprechend.

Wie heißt es doch in dem Song: »You gotta know when to hold 'em, know when to fold 'em« – man muss wissen, wann man weitermacht und wann man aussteigt. Im Durchschnitt gewinnen Frauen 15 Prozent mehr als Männer, weil sie wissen, wann sie aufhören müssen!

Damenprogramm

Wie wäre es mit einem Pokerabend mit den Freundinnen? Kaufen Sie Pokerchips, Karten, Pizza, Bier und Cola, und spielen Sie bis zum Morgengrauen.

Jargon

Bluffen: die anderen Spieler zum Aussteigen zu bringen versuchen, obwohl man selbst ein schwaches Blatt hat

Drop: aussteigen oder nicht mehr mitspielen

Tell: die Körpersprache eines Spielers, die den wahren Wert seines Blattes verrät

Ich kann ... Skat spielen!

Wer ein Skat-Ass werden will, braucht Können und Köpfchen. Eine gründliche Kenntnis der Regeln ist unerlässlich. Wenn frau aber wirklich die Skattische erobern will, heißt es üben, üben, üben, denn die Beschlagenheit in den vielzähligen Varianten des Spiels ist vor allem eine Sache der Erfahrung.

Die Teilnehmer

Gespielt wird mindestens zu dritt. Spielt man mit vier Leuten, muss jeweils der Kartengeber aussetzen (»sitzen«). Die Person links vom Kartengeber wird **Vorhand** genannt, die nächste im Uhrzeigersinn **Mittelhand**, die letzte **Hinterhand**. Die Vorhand darf als erste eine Karte ausspielen (d. h. in die Mitte des Tisches legen), Mittelhand und Hinterhand »bedienen« eine Karte, d. h. müssen eine weitere Karte von passender Farbe aus ihrem Blatt darauflegen. Wenn sie keine solche Karte in ihrem Blatt haben, können sie eine Trumpfkarte ausspielen, müssen es aber nicht. Die Positionen ändern sich im Lauf des Spiels, weil immer Vorhand ist, wer den Stich gewonnen hat.

Karten

Skat wird mit 32 Karten (»ein Blatt«) gespielt. Kreuz, Pik, Herz und Karo sind die Farben in der Reihenfolge ihrer Wertigkeit. Jede Farbe hat acht Karten, deren Wert beim Skat in »Augen« angegeben wird:

7, 8 und 9 = 0 Augen, Bube = 2 Augen, Dame = 3 Augen, König = 4 Augen, 10 = 10 Augen, Ass = 11 Augen.
Das gesamte Kartenblatt zählt 120 Augen (30 pro Farbe).

Ziel des Spiels

Das Einzelspiel wird von einem Alleinspieler und zwei Gegenspielern bestritten. Der Alleinspieler hat sein Spiel mit 61 Augen gewonnen, die Gegenpartei mit 60. Es gibt noch eine andere Variante, die »Null-Spiele«. Dabei darf der Alleinspieler keinen Stich machen.

Die Spielarten

Es gibt drei Gattungen (Grundspielarten), auf die gereizt werden kann: Farb-, Grand- und Nullspiel. Die Spielarten unterscheiden sich jeweils durch das System von »Trümpfen«, die im Spiel einen besonders hohen Wert haben:

Farbspiel: Es ist immer eine Farbe Trumpf. Die anderen Farben sind dann untereinander im Rang gleich. Die höchsten Trümpfe eines Farbspiels sind die Buben (Kreuz, Pik, Herz, Karo). Ihnen folgen die sieben Karten der Trumpffarbe nach dem Zählwert ihrer Augen.

Grandspiel: Nur die Buben, in der Reihenfolge ihrer Farben, sind Trumpf.

Null-Spiel: Es gibt keine Trümpfe. Buben gelten als normale Farbkarten. Der Spieler eines Null-Spiels darf keinen Stich machen (s. u.).

Spielablauf

Nach dem Mischen und Abheben der Karten gibt der Geber im Uhrzeigersinn jeweils 10 Karten an die Mitspieler aus (Details siehe S. 28 unter »Geben«). Nachdem die Spieler ihre Karten verdeckt aufgenommen haben, wird »gereizt«.
Wer am höchsten reizt, wird Alleinspieler und muss dann »ansagen«, welches Spiel er machen will. Gespielt wird im Uhrzeigersinn, beginnend beim Spieler in Vorhand. Das eigentliche Spiel teilt sich in zehn Stiche (Runden). Je nach Spielart und abhängig von der als erste im Stich ausgespielten Karte entscheidet sich, wer den Stich gewinnt, damit alle drei Karten des Stiches erhält und den nächsten Stich anspielt.

Skat ist ein Bedienspiel, prinzipiell gelten für alle drei Spielarten folgende Regeln:

- Ist Trumpf ausgespielt, muss Trumpf bedient werden. Hat ein Spieler keinen Trumpf auf der Hand, kann eine beliebige Karte gespielt werden (die dann mitsamt ihrem Punktwert für den Spieler verloren ist; es sollte also eine niedrige Karte sein).

- Farbe muss bekannt werden, solange dies möglich ist. Ansonsten kann der Spieler mit Trumpf stechen oder eine beliebige Farbe abwerfen. (Diese Regel entfällt bei Nullspielen, weil es keinen Trumpf gibt).

- Es gibt Spiele mit Skataufnahme und ohne (Handspiele). Beim Handspiel werden die beiden verdeckt im »Skat« oder »Stock« (d. h. in der Mitte des Tisches) liegenden Karten zwar nicht angeschaut, später aber mitgezählt. Beim Spiel mit Skataufnahme kann ein Spieler diese Karten gegen zwei aus seinem Blatt austauschen.

Falsches Bedienen beendet das Spiel.

Sind alle Karten ausgespielt, wird gezählt, wie viele Augen jeweils Spieler und Gegenspieler haben. Die Gewinn- und Verlustpunkte werden aufgeschrieben. Dann werden die Karten zusammengeworfen, gemischt, abgehoben und ausgegeben: Ein neues Spiel kann beginnen.

So weit die Grundzüge des Spiels, nun zu den Details.

Geben

Ein Spiel beginnt mit dem Mischen der Karten durch den Geber. Anschließend lässt dieser seinen rechten Nebenspieler einmal abheben (mindestens vier, höchstens 28) und legt den liegengebliebenen Teil der Karten auf den abgehobenen Teil. Der Geber gibt dann verdeckt und im Uhrzeigersinn, beginnend mit dem Spieler links neben sich, jedem Spieler zunächst drei Karten aus. Danach legt er zwei Karten verdeckt in den Skat oder Stock, gibt nochmals je vier und schließlich je drei Karten aus, sodass jeder Spieler zehn Karten hat.

Reizen

Das Reizen ist eine Art Auktion, bei der jeder Spieler entscheidet, ob und bis zu welchem Wert er reizen möchte. Beim Geber anfangend werden dafür die folgenden Rollen im Uhrzeigersinn festgelegt: »Geben«, »Hören«, »Sagen«, »Weitersagen«.

Die Mittelhand beginnt bei der Vorhand mit dem Reizen. Der Mittelhand-Spieler sagt dem Hörer in der Regel so lange den nächsten Wert, wie dieser mitgeht, oder bis er seinen errechneten Spielwert erreicht hat und danach »passen« muss. Passt die Mittelhand, übernimmt die Hinterhand das Reizen der Vorhand, so lange, bis einer der beiden passen muss.

Reizfaktor

Die Berechnung des höchstmöglichen Reizwertes ergibt sich aus dem »Reizfaktor« multipliziert mit dem Grundwert der Spielkarten.

Es gibt folgende Grundwerte:
Karo = 9, Herz = 10, Pik = 11,
Kreuz = 12, Grand = 24,
Grand ouvert (offener Grand) = 36,
Null = 23, Null Hand = 35,
Null ouvert = 46,
Null ouvert Hand = 59

Ein wesentlicher Bestandteil des »Reizfaktors« ist die Anzahl der laufenden Spitzen, die lückenlos in einer Hand sitzen oder auch fehlen. Kreuz-Bube (auch: der »Alte«) ist der höchste Trumpf, danach folgen Pik-, Herz- und Karo-Bube. Hat ein Spieler den Kreuz-Buben, so sagt man »Mit«, hat er ihn nicht, sagt man »Ohne«.

Mit: Hat ein Spieler den Kreuz-Buben, ist der Faktor die Anzahl der lückenlos folgenden Buben und weiteren Trümpfe (Ass, 10, König usw.) der Trumpffarbe.

Beispiele:

- Kreuz-Bube, Karo-Bube und sechsmal Herz. Man sagt: »Mit 1« (mit einer Spitze)

- Kreuz-Bube, Pik-Bube und Karo-Bube, Herzbube fehlt. Man sagt: »Mit 2« (mit zwei Spitzen)

- vier Buben, Kreuz-As (vorausgesetzt, Kreuz würde als Trumpf angesagt). Man sagt: »Mit 5« (mit fünf Spitzen)

Ohne: Ist der Kreuzbube nicht vorhanden, so zählt man die »Lücken« bis zum ersten vorhandenen Trumpf. Hierbei zählen allerdings auch die im Skat liegenden, dem Spieler noch unbekannten Karten mit.

Beispiele:

- Höchster Trumpf Herz-Bube. Man sagt: »Ohne 2« (ohne zwei Spitzen)

- Höchster vorhandener Trumpf ist der König der Trumpf-Farbe (es fehlen also vier Buben + Trumpf Ass + Trumpf 10 = 6 Spitzen). Man sagt: »Ohne 6« (ohne sechs Spitzen)

Diese Spielwertberechnung gilt sowohl für Farbspiele als auch für Grandspiele. Die Zählweise beim Skatspiel verlangt, dass der so gefundene Spielwert immer um 1 erhöht wird.

Beispiel: Sie haben nur den Pik-Buben (»Ohne 1«) und die meisten Karten in Karo (Grundwert 9). Daraus ergibt sich ein Reizwert von 18, der wie folgt angesagt wird: Ohne 1, Spiel 2 (mal 9) = 18.

Nullspiele bilden bei der Berechnung des Reizwertes eine Ausnahme, denn sie haben immer den gleichen Reizwert, egal, wie viele Buben ein Spieler hat. Die Grundwerte sind: Null = 23, Null Hand = 35, Null Ouvert = 46, Null Ouvert Hand = 59.

Spielt ein Spieler ein Handspiel, so wird der Spielwert jeweils um 1 für das Ansagen erhöht, wenn er »Schneider« oder »Schwarz« ansagt.

Schneider: Eine der beiden Parteien hat weniger als 31 Augen im Stich.

Schwarz: Alleinspieler oder Gegenpartei bekommen keinen Stich.

Stellt man nun alle möglichen Reizwerte zusammen, ergeben sich die folgenden Werte:

18 = Karo (mit/ohne 1); 20 = Herz (mit/ohne 1); 22 = Pik (mit/ohne 1); 23 = Nullspiel (Spitzen egal); 24 = Kreuz (mit/ohne 1); 27 = Karo (mit/ohne 2); 30 = Herz (mit/ohne 2); 33 = Pik (mit/ohne 2); 35 = Null Hand (Spitzen egal); 36 = Kreuz (mit/ohne 2), Karo (mit/ohne 3); 40 = Herz (mit/ohne 3); 44 = Pik (mit/ohne 3); 45 = Karo (mit/ohne 4); 46 = Null Ouvert (Spitzen egal); 48 = Kreuz (mit/ohne 3); 48 = Grand (mit/ohne 1); 50 = Herz (mit/ ohne 4); usw.

Häufig wird in der Praxis nur die Einerstelle (»Vier« statt »24«) oder »Null« statt 23 gesagt. Daraus ergibt sich die mysteriös anmutende Reihe: 18, 20, 2, Null, 4, 7, 30, 3, 5, 6, 40 usw.

Eine Pflicht, alle Werte dieser Folge zu sagen, besteht nicht, weil man auch direkt den Wert sagen kann, den man reizen möchte. Dieses sogenannte »Sprungreizen« kann von Vorteil sein, weil der dritte Mitspieler, also der Partner des Gegenspielers, keine Information darüber erhält, welches Spiel sein Partner beabsichtigt hatte.

Das Spiel ist »überreizt« und gilt als verloren, wenn der Wert des Spielergebnisses am Ende nicht mindestens den genannten Reizwert besitzt.

Allgemeine Anmerkung zur Taktik des Spiels

Aufnehmen des Skat: Nach dem Geben und Reizen entscheidet der Alleinspieler, ob er Hand spielt oder den Skat in sein Blatt aufnimmt und dafür zwei andere Karten »drückt«. Es bietet sich an, Einzelkarten aus dem eigenen Blatt zu drücken, um eine oder zwei Fehlfarben (Farben, die man nicht hat) zu schaffen. Hat der Einzelspieler eine gespielte Farbe nämlich nicht, kann er mit einem Trumpf den Stich übernehmen. Es kann aber auch lohnen, hochwertige Karten zu drücken, weil diese bei der Abrechnung zu den Stichen zählen.

Spielansage: Anschließend sagt der Alleinspieler sein »Spiel« an (Farb-, Grand- oder Nullspiel).

Anspiel: Dann erst wird von der Vorhand die erste Karte ausgespielt. Das Anspielen der Gegenspieler ist oft ausschlaggebend für das Spiel. Es gilt: »Langer Weg, kurze Farbe, kurzer Weg, lange Farbe.«
Der Weg ist zum Alleinspieler gemeint. Lang ist er, wenn dieser in Hinterhand sitzt, kurz, wenn er in Mittelhand sitzt. Sitzt der Alleinspieler in Mittelhand, spielt man eine lange Farbe aus und hofft, dass er das Ass bedient und der Partner vielleicht sticht. Im anderen Fall spielt man eine kurze Farbe an, am besten eine blanke Karte (d. h. die einzige dieser Farbe), entweder damit der Spieler das Ass bedient und der Partner vielleicht die 10 hoch bekommt, um darauf dann später »schmieren« zu können oder, wenn der Spieler die 10 hat, um diese dann stechen zu können.

»Trumpf ist die Seele des Spiels«: Jeder Spieler sollte bestrebt sein, dem Gegner die Trümpfe zu ziehen, jedoch selbst welche zu behalten. Der Spieler in Vorhand wird Trumpf anspielen, meist den höchsten zuerst. Es kann aber auch lohnen, einen kleinen Trumpf 7 oder 9 auszuspielen nach dem Motto: »Die Kleinen holen die Großen!« Damit bleiben die Buben in Reserve und holen die letzen Trümpfe ab. Falls einer der Gegenspieler noch Trumpf stechen kann, der andere jedoch keine Trümpfe mehr besitzt, so wird Letzterer »schmieren«, das heißt hochzählende Karten in den Stich legen.

Aufschreiben

Sind alle zehn Karten gespielt, wird gezählt und aufgeschrieben, wie viele Augen die Spielparteien haben.

Es gibt eine ganze Reihe unterschiedlicher Arten, die Punkte zu notieren. Drei der gängigsten sind:

- Es werden immer nur beim Alleinspieler Punkte aufgeschrieben. Gewinnt er, bekommt er den Wert des Spiels als Punkte. Verliert er, kriegt er den doppelten Wert des Spiels abgezogen. (Offizielle Anschreibung bei Skat-Turnieren)

- Die Punkte werden grundsätzlich als Minuspunkte notiert: Gewinnt der Alleinspieler, bekommen beide Gegnerspieler den Wert des Spieles als Minuspunkte notiert. Verliert er selbst, bekommt er allein die doppelte Minuspunktzahl.

- **»Bierlachs«** Ausdruck aus dem Kneipenskat. Es wird so lange gespielt, bis ein fester Punktwert erreicht wurde (meist 501 Punkte).

Jargon

Lusche: Karten mit dem Zählwert 0 (7, 8 und 9).

Oma: Spiel des Alleinspielers, das unmöglich zu verlieren ist. Der Ausdruck »Oma« resultiert aus der Aussage »Das Spiel hätte auch meine Oma gewinnen können«.

Ramschen: Wenn nach dem Geben alle Spieler feststellen, dass sie unbrauchbare Blätter haben und keiner reizen (d. h. Alleinspieler sein) will, wird »geramscht«. Das heißt, jeder spielt für sich und versucht, so schnell wie möglich alle seine Karten loszuwerden. Verloren hat derjenige Spieler, der am Ende noch die meisten »Augen« auf der Hand hat. Er bekommt diese als Minuspunkte angeschrieben.

Schmieren: Zugeben einer Karte mit hohem Zählwert, meist auf einen Stich des Partners in der Gegenpartei. Auch »Wimmel« oder »Buttern« genannt.

Ich kann ... armdrücken!

Armdrücken ist vielleicht nicht die allerweiblichste Betätigung und definitiv keine, für die Frauen von Natur aus besonders gut ausgestattet sind. Aber sich im Armdrücken nicht die Butter vom Brot nehmen zu lassen, ist ein toller Partytrick. Die gute Nachricht: Pure Kraft ist nicht der einzige Weg zum siegreichen Armdrücken. Wer die Technik beherrscht und am Tempo arbeitet, könnte sich selbst verblüffen (und andere erst recht).

Regeln

Die Regeln sind ziemlich simpel:

- Zwei Gegner stehen oder sitzen einander an einem Tisch gegenüber. Stehen ist besser.
- Ein Ellbogen jedes Kämpfers (und sonst nichts) ruht auf dem Tisch und muss dort die ganze Zeit bleiben. Wer den Ellbogen vom Tisch nimmt, scheidet aus.
- Die Hand des »Kampfarms« darf man mit keinem anderen Körperteil berühren.
- Gewonnen hat man, wenn der Gegner mit der Hand oder dem Arm die Tischplatte berührt.
- Lautes Stöhnen ist erlaubt, ja sogar erwünscht.

Die Techniken

Es gibt beim Armdrücken drei Grundtechniken: Rolle, Haken und Drücken.

Rolle. Diese glamouröseste Technik eignet sich besonders gut für Frauen, weil es hier mehr auf die Hebelwirkung als auf schiere Kraft ankommt. Schätzen Sie die Kraft Ihres Gegners ab – ist er größer und stärker, ist die Rolle wahrscheinlich die beste Option. Unsterblich wurde diese Technik durch den Sylvester-Stallone-Film **Over the Top**: Der Trick ist, möglichst viel Druck auf die Finger des Gegners auszuüben, indem man die Hand über die des Gegners rollt und so positioniert, dass sich das eigene Handgelenk über den Fingern des Gegners befindet und dessen Handgelenk zurückgebogen ist. Das Ziel ist, ihn zum Öffnen der Finger zu zwingen, sodass man seine Hand auf den Tisch drücken kann. Sobald die Hand des Gegners sich öffnet, verstärkt man den Handgriff und setzt zum Gnadenstoß an. Besonders gut gelingt die Rolle, wenn man den Arm des Gegners zu sich hinzieht.

Der Haken. Der Haken richtet sich gegen den Arm, nicht gegen die Hand. Dazu muss Ihr Arm stärker als der Ihres Gegners sein, und das ist beim Spielen gegen Männer vielleicht schwieriger. Wer sich für den Haken entscheidet, sollte auf Schnelligkeit setzen und sofort aufs Ganze gehen. Halten Sie den Arm dicht am Körper, und drehen Sie das Handgelenk so weit wie möglich ein. Drücken Sie nicht nur mit dem Arm, sondern mit Ihrer ganzen Körperkraft. Nicht die gesamte Körperkraft zu nutzen ist einer der häufigsten Fehler. Solange der Körper nicht die Hand berührt, darf man sich so weit vorbeugen, wie man will. Versucht Ihr Gegner Sie mit dem Haken zu schlagen, versuchen Sie auf die Rolle umzuschalten.

Das Drücken. Diese Technik beruht auf reiner Körperkraft. Man sollte alles daransetzen, dass die Handfläche des Gegners nach oben weist, indem man mit der eigenen Hand auf die gegnerische drückt. Dann den Körper über dem Arm positionieren und so den gegnerischen Arm nach unten auf den Tisch drücken. Wie beim Haken sollten Sie, wenn Ihr Gegner diese Technik bei Ihnen versucht, auf die Rolle umschalten und versuchen, seinen Arm zu sich hinzuziehen. Damit können

Sie seinen Druck unterbrechen und ihn auf dem falschen Fuß erwischen.

Merken Sie sich folgende Tricks für das nächste Mal »Over the Top«:

- Im Stehen den rechten Fuß nach vorne stellen (für Rechtshänder; Linkshänder stellen den linken Fuß vor).
- Beim Armdrücken die gesamte Körperkraft, nicht nur die Armkraft einsetzen.
- Den Arm so nah wie möglich am Körper halten. Wenn es dem Gegner gelingt, Ihren Arm zu sich zu ziehen, können Sie nicht mehr Ihre gesamte Körperkraft einsetzen.

Gut zu wissen: Vermutlich übten sich schon die alten Ägypter im Armdrücken. Der heutige Sport geht jedoch auf ein Spiel der amerikanischen Ureinwohner zurück.

Ich kann … einen Korb werfen!

Um wie ein richtiges Sport-Ass zu wirken, gibt es kaum etwas Eindrucksvolleres, als einen Basketball aus fünf Metern Entfernung glatt in den Korb zu befördern. Mit den folgenden Tipps wird der gelegentliche Glückstreffer bald zur Regel werden.

Ausgangsposition

Die Füße parallel und etwa schulterbreit auseinanderstellen. Stellen Sie sich ein paar Zentimeter hinter die Freiwurflinie, falls Sie beim Werfen einen kleinen Sprung machen müssen. Das Spielbein (bei den meisten das rechte) so stellen, dass es eine Linie mit dem Netz bildet; das hilft, direkt auf den Korb zu zielen. Auf vielen Freiwurflinien gibt es eine kleine Markierung, die die Netzmitte anzeigt. Das Spielbein sollte sich in einer Linie mit dieser Markierung befinden. Manche Menschen stellen einen Fuß leicht hinter den anderen. Probieren Sie aus, welche Haltung sich für Sie am besten eignet.

Ballhaltung

Die Ballhaltung entscheidet über Erfolg oder Misserfolg. Den Ball einfach mit aller Kraft in Richtung Netz zu schleudern ist wenig effizient. Nehmen Sie den Ball in die Wurfhand, und beugen Sie sie weit im Handgelenk zurück. Heben Sie den Ball auf Schulterhöhe, und ziehen Sie den Ellbogen so eng wie möglich an sich heran. Halten Sie dabei den Ball mit den Fingern, nicht mit der Handfläche, und legen Sie die andere Hand leicht stützend auf den Ball.

Startposition

Der Freiwurf ist der nervenaufreibendste Wurf im Basketball. Atmen Sie ein paarmal tief durch, wenn Sie an die Linie treten.

Versuchen Sie alle Hintergrundgeräusche auszublenden, und konzentrieren Sie sich darauf, den Ball ins Netz zu bekommen.

Rituale helfen: Experten raten, immer dieselbe Routine zu befolgen – zum Beispiel den Ball dreimal zu dribbeln und dann zu werfen. Das hilft, ruhig und sicher zu bleiben. Stellen Sie sich beim Werfen vor, wie der Ball ins Netz fällt.

Der Wurf

Vor dem Wurf leicht die Knie beugen. Zum Abwurf beugen Sie sich noch etwas weiter vor und federn dann hoch. Zielen Sie auf das Feld, das auf dem Korbbrett markiert ist (zu kurz zu zielen ist ein verbreiteter Fehler). Beim Strecken des Arms schnellen Sie aus der Kniebeuge hoch in die Beinstreckung und nehmen so einen Großteil der Kraft aus den Beinen. Dazu darf man ganz nach Belieben einen kleinen Sprung machen oder mit beiden Beinen fest auf dem Boden bleiben – nur nicht die Freiwurflinie übertreten. Und jetzt Schuss! Ziehen Sie Ihren Wurfarm durch, als würden Sie nach dem Netz greifen, und geben Sie dem Ball mit den Fingerspitzen den richtigen Drall.

Üben, üben, üben!

Dieser Wurf will geübt werden – und zwar ausdauernd. Man sollte seine eigene Routine entwickeln und ausprobieren, wie es für einen selbst am besten funktioniert. Wer immer auf die gleiche Art wirft, wird eher Erfolg haben. Man beginnt nahe am Netz und arbeitet sich langsam nach hinten, bis der Wurf von der Freiwurflinie mit Leichtigkeit gelingt.

Das Üben des Freiwurfs kann sich als meditative Erfahrung herausstellen. Es ist eine Frage der richtigen Technik, aber auch der richtigen Einstellung. Nach ausgiebigem Training werden bald alle Ihre Würfe im Korb landen!

EXTRAPUNKTE

Lernen Sie, einen Basketball auf Ihrem Finger zu drehen! Zunächst hält man den Ball auf allen fünf Fingerkuppen der Wurfhand (in diesem Beispiel der rechten) und streckt den Arm bei leicht gebeugtem Ellbogen vor. Man zieht Hand und Arm zu sich heran, lässt das Handgelenk nach links schnellen, nimmt den Ball auf den Mittelfinger und versetzt ihn in Drehung. So entwickeln Sie ein Gefühl für die physikalischen Eigenschaften des Basketballs und können mit diesem kleinen Kunststück auch noch schwer beeindrucken.

Ich kann … über Sport reden!

Wo immer Männer zusammenkommen, wird über Sport geredet, häufig über Sport gestritten oder sogar auf sportliche Ereignisse gewettet. Sport ist eine Art männliches Ventil für menschliche Tragödien. Statt die Beziehungen ihrer Bekannten zu diskutieren, verfolgen Männer das Leid, die Spannung und die Triumphe auf dem Sportplatz. Wenn man in der Männerwelt mitmischen will, ist es unerlässlich, eine aberwitzige Menge an Wissen über den Lieblings-Fußballverein anzusammeln – eine Sache, die Frauen nur selten beherrschen.

Wann, wo und warum

Es gibt zwei Kategorien von Sportgesprächen. In die erste fallen allgemeine Sportgespräche und Debatten, sehr nützlich, wenn Ihnen die interessanteren Gesprächsthemen ausgegangen sind oder wenn Sie ein paar Jungs mit Ihrem Expertenwissen und Ihrer Leidenschaft schocken wollen. Die zweite – etwas lebhafter und interaktiver – ist Couchfußball; dabei dürfen Sie nach Herzenslust schreien, schimpfen, jubeln und dem Fernseher Anweisungen zubrüllen. Ja, Sie und wir wissen, dass die Spieler Sie nicht hören können, aber darum geht es nicht.

Sie werden im Lauf eines Jahres reichlich Gelegenheit finden, Ihren Sportjargon anzuwenden, vor allem während der Bundesligasaison, der Spiele der Champions League, bei Europa- und Weltmeisterschaften (alle vier Jahre), aber auch bei Freundschafts- oder Zweitligaspielen, falls Ihrem Club die Schmach des Abstiegs widerfahren ist. Fast jede Sportart gibt Anlass zu endlosen Spekulationen und Jubelorgien im Sessel, ausgenommen vielleicht Eiskunstlauf und Boccia.

Halbwissen und fremde Federn

Echte Sportfans sind im Grunde ihres Herzens Erbsenzähler. Sie können Unmengen von Zahlen und Fakten herunterrasseln und haben scheinbar endlose Gedächtniskapazitäten für die Details längst vergangener Spiele. Jungs trainieren das seit ihrer Geburt. Wenn Sie also nicht vorhaben, ernsthaft zu pauken, müssen Sie schummeln. Und so geht's:

- Zunächst Sportart und Club auswählen (wir empfehlen die Lokalmatadoren). Im Internet über »Ihr« Team recherchieren.
- Die wichtigsten Spieler und deren Eckdaten einprägen. Beim Fußball sind das natürlich die Torquoten und der Einsatz bei entscheidenden Spielen. Aber halten Sie sich nicht unnötig damit auf. Die meisten Typen kennen auch nicht so viele Statistiken, die über das Naheliegende hinausgehen: allgemeine historische Entwicklung, Ergebnisse, Tabellenplätze. Es reicht, sich eine oder zwei einzuprägen, um mit den meisten Männern gleichzuziehen und bei Sportgesprächen zum ernstzunehmenden Gegner zu werden.
- Vergessen Sie nicht, die Namen von Managern, Trainern und Vereinsvorsitzenden zu lernen – ohne die geht es nicht. Wer gesprächsweise den Namen des Trainers fallen lässt, macht sich als echter Fan glaubwürdig.
- Halten Sie sich über die Leistungen Ihrer Mannschaft auf dem Laufenden, verfolgen Sie Heim- und Auswärtsspiele. Richtig aufregend wird es bei Europa- und Weltmeisterschaften, hier erreicht die Sportbegeisterung ihren Höhepunkt.
- Wer im Autoradio Sportsendungen hört, lernt schnell und mühelos ein paar Redensarten und Nebensächlichkeiten.

- Suchen Sie sich eine Sportkoryphäe Ihres Vertrauens, und lesen Sie seine (bzw. ihre) Vorberichte, Spielkritiken und Kolumnen. Sollte er/sie immer wieder Recht behalten, machen Sie sich seine/ihre Ansichten zu eigen, und lassen Sie sie in Gespräche einfließen.

- Viele Sportdiskussionen drehen sich darum, wer der beste Torwart (oder Trainer oder Libero) aller Zeiten ist. Hier können Sie mitmischen, ohne allzu viele harte Fakten anzuführen – kämpfen Sie mit Zähnen und Klauen für Ihren Kandidaten. Derjenige sollte allerdings einigermaßen in diese Kategorie passen.

- Wer ein paar ausgesuchte historische Fakten über seinen Club recherchiert, kann mit Äußerungen aufwarten wie »Das ist genau wie 1967!«. Männer werden sich hüten, das anzuzweifeln, weil sie Angst haben, sich angesichts Ihres überlegenen Wissens zu blamieren.

- Verfolgen Sie aufmerksam das Spiel, und merken Sie sich ein paar Details für die anschließende Spielkritik. Sich an einen Spielzug aus der ersten Hälfte der ersten Halbzeit zu erinnern und ihn nach dem Spiel zu rekapitulieren ist das Merkmal eines echten Fans. Wer fürchtet, etwas Falsches zu sagen, merkt sich einen Ausspruch des Kommentators und gibt ihn als seinen eigenen aus.

Schreien – aber richtig

Durch Schreien vor dem Fernseher kann man wunderbar Dampf ablassen. Auch hier gelten die unter »Halbwissen und fremde Federn« beschriebenen Regeln – unter Zugabe von Leidenschaft.

- Man trägt Sportkleidung, trinkt Bier und isst Chips oder Erdnüsse. Die Sportkleidung sollte zu der angefeuerten Mannschaft passen, nicht zu Ihren Schuhen.

- Es ist obligatorisch, dem Fernseher Anweisungen zuzubrüllen. Das kann ein simpler Befehl sein wie »Schieß doch!« oder »Gib ab!« oder etwas Komplexeres, etwa »Schöner Pass, [Nachname einsetzen]!«, gefolgt von lautem Klatschen. Auch Negatives geht: »Was sollte das denn sein?« Bei häufigem und korrektem Gebrauch wirkt man damit wie eine echte Aficionada. Lauschen Sie dem Fernsehkommentar – hier können Sie alles lernen.

- Wenn Ihr Team gut spielt, dürfen Sie jubeln, klatschen und aus dem Sessel aufspringen. Im Gegenzug darf das gegnerische Team beschimpft und verflucht werden, desgleichen eventuell anwesende Fans dieses Teams – und natürlich der Schiedsrichter (»Schiri«). Spielt Ihre Mannschaft nicht so gut, müssen Sie Ihr eigenes Team beschimpfen.

- Spielt Ihre Mannschaft bei einem wichtigen Spiel richtig schlecht, halten Sie sich die Augen zu, und halten Sie sich den Kopf. Falls Ihr

DAMENPROGRAMM

Veranstalten Sie übungshalber einen Fußball-Fernseh-Abend mit Ihren Freundinnen, und trainieren Sie das richtige Fan-Verhalten, bevor Sie sich in eine Männerrunde wagen.

Feuern Sie bei der nächsten WM nicht »Ihre« Nationalmannschaft an – das kann schließlich jeder! –, sondern suchen Sie sich die Mannschaft aus, die den schönsten Fußball spielt (falls Sie sich die Beurteilung nicht zutrauen, informieren Sie sich in der Fachpresse), die schönsten Spieler hat oder die schönsten Trikots trägt. Besorgen Sie sich Trikot und Schal dieser Mannschaft, lernen Sie die Schlachtrufe in der Landessprache (hier hilft das Internet), und wundern Sie sich, wie schön Fußball sein kann.

Werden Sie Spezialistin für Frauenfußball – die Sportart hat Zukunft –, und Sie gewinnen einen Informationsvorsprung vor fußballverrückten Männern.

Team besagtes wichtiges Spiel tatsächlich verliert, müssen Sie eine kurze Zeit sprachlos sein, bevor die Spielkritik beginnt.

- Wappnen Sie sich, Ihr Team bei jeder Gelegenheit angetrunken zu verteidigen. In solchen Situationen kann man mangelnde Informationen leicht durch Lautstärke ersetzen.

Ich kann … beim Pferderennen gewinnen!

Ein Tag auf der Rennbahn ist immer schön, aber noch schöner ist es, mit einer Tasche voll Geld nach Hause zu fahren. Natürlich gibt es auch Pferdewetten im Internet, aber ein sonniger Nachmittag wird erst auf der Rennbahn zum wahren Vergnügen, wenn man die Rennen verfolgt und seinen Favoriten anfeuert.

Die Zeitung studieren

Wenn man auf die Rennbahn geht, besorgt man sich als Erstes eine Rennzeitung, die Informationen über die an diesem Tag startenden Pferde und den Zustand der Rennbahn liefert. Hier erfährt man alles Nötige über die Pferde (Alter, Gewicht, Größe und so weiter) und ihre Leistungen in vergangenen Rennen – welche Strecken sie gelaufen sind, die Gewinnsummen (falls vorhanden), wie viele Rennen sie in ihrem Leben schon absolviert und wie sie auf ähnlichen Rennbahnen abgeschnitten haben. Außerdem erfährt man hier die Quoten für diesen Renntag.

Die Rennzeitung verhilft zu ziemlich guten Tipps über die Siegeschancen bestimmter Pferde. Vor allem muss man wissen, über welche Strecke das Rennen geht und wie Ihr Pferd in Rennen über diese Distanz und bei ähnlichen Bodenbedingungen abgeschnitten hat. Sehen Sie sich die Quoten an – ein Pferd mit der Quote 20:10 ist meist der Favorit, eins mit 200:10 ein krasser Außenseiter. Aber auf der Rennbahn ist alles möglich, und es macht Spaß, neben den verschiedensten Favoriten auch auf ein paar unbekannte Größen zu setzen. Hier sind die Gewinnchancen meist geringer, liegt man aber dennoch richtig, gewinnt man sehr viel mehr Geld.

Die Wette

Wenn man seine Sieger ausgewählt hat, geht man zum Wettschalter und macht die erste Wette. Damit sollte man bis zur letzten Minute warten – die Quote ändert sich, wenn die Wetten abgegeben werden, und je länger man wartet, desto akkuratere Informationen bekommt man. Es gibt verschiedene Arten von Pferdewetten, die man auf dem Wettschein ankreuzen kann:

Sieg: »Ihr« Pferd gewinnt.

Platz-Wette: Das Pferd wird erster, zweiter oder dritter.

Zweierwette: Man tippt, welche beiden Pferde erster und zweiter werden – in der richtigen Reihenfolge.

Dreierwette: Man tippt, welche drei Pferde die ersten drei Plätze belegen – in der richtigen Reihenfolge.

Wie viel man gewinnt, richtet sich natürlich nach der Art der Wette – bei der Siegwette gewinnt man mehr als bei der Trita-Wette, da die Gewinnchancen geringer sind. In der Regel kann man bereits ab 5 € pro Rennen wetten. Den Wettschein nicht wegwerfen – man braucht ihn, um sich den Gewinn auszahlen zu lassen. Vom Wettschalter marschiert man sofort in den Zuschauerbereich, um sein Pferd anzufeuern.

Wer gewonnen hat, holt sich den Gewinn am Wettschalter ab. Wer verliert, zerreißt den Wettschein, wirft ihn auf den Boden, geht sofort wieder zum Wettschalter und setzt für das nächste Rennen!

DAMENPROGRAMM

Wenn Sie mal wieder eine originelle Idee für einen Geburtstag oder einen Junggesellinnenabschied suchen, ziehen Sie doch einmal mit Ihren Freundinnen auf die Rennbahn (Champagner inklusive)!

Jargon

Flachrennen: Rennen ohne Hindernisse

Hindernisrennen: Rennen mit Sprüngen über feste Hindernisse

Jagdrennen: Hindernisrennen über versetzbare Hürden, die auf der Flachrennbahn aufgestellt werden

Wallach: ein kastrierter Hengst

Totes Rennen: Ist trotz Zielfotografie nicht zu entscheiden, welches von zwei Pferden als erstes die Ziellinie überlaufen hat, gelten beide als Sieger, und die Geldpreise für die beiden ersten Plätze werden gleichmäßig geteilt. Gleiches gilt auch für alle anderen Platzierungen.

Ich kann ... Darts spielen!

Das Spiel wurde im Mittelalter erfunden und diente Bogenschützen bei ihren Zielübungen. Ursprünglich war die Zielscheibe ein Fassboden, und so ist es angemessen, dass das Spiel heute meist in der Kneipe gespielt wird. Die Kombination von Trinken und dem Werfen spitzer Gegenstände klingt zugegebenermaßen etwas gewagt, wir sind aber sicher, dass Sie, sobald Sie den Bogen heraushaben, zumindest bei allen Würfen die Scheibe treffen.

Aufbau und Ausrüstung

Wer ein echter Darts-Crack werden will, sollte sich die richtige Ausrüstung leisten. Kaufen Sie sich einen preiswerten Satz Pfeile und ein Dartboard, damit Sie zu Hause üben können. Gehen Sie in ein anständiges Fachgeschäft (Sportartikel oder Spielwaren), und probieren Sie verschiedene Typen Darts aus; achten Sie dabei vor allem auf Gewicht, Länge und Griffigkeit. Möglicherweise ändern sich Ihre Vorlieben, wenn Ihre Wurftechnik besser wird (je kräftiger Sie werfen, desto schwerer sollte der Pfeil sein), deshalb empfiehlt es sich, für die Grundausstattung nicht allzu viel auszugeben. Die Standardhöhe für die Zielscheibe beträgt 1,73 m vom Boden bis zur Mitte des Bullauges, die Wurflinie sollte 2,4 m von der Vorderfläche der Zielscheibe (nicht der Wand) entfernt sein.

Der Wurf

Beim Wurf beschreibt der Pfeil einen Bogen – er beginnt tief, fliegt aufwärts und senkt sich dann wieder, während er an Geschwindigkeit verliert. Sie werden bald entdecken, dass die Wurftechnik das Wichtigste am Spiel ist.

Vor dem Abwurf gilt es, sich beim Zielen auf die Zielscheibe und nichts sonst zu konzentrieren. Auge, Pfeil und Ziel auf der Scheibe müssen eine Linie bilden. Beugen Sie den Arm nach hinten, und schleudern Sie den Pfeil mit einer Bewegung des gesamten Arms in Richtung des Dartboards. Der Arm ist der einzige Körperteil, der sich beim Wurf bewegt. Der restliche Körper einschließlich der Schulter bleibt bewegungslos. Der Pfeil sollte seinen Flug mit leichter Aufwärtsbewegung beginnen und dem natürlichen Bogen der Armbewegung folgen. Wer nach unten wirft, verfehlt die Zielscheibe und trifft höchstwahrscheinlich jemanden in den Fuß.

Tipps zum Zielen

- Durch Ausprobieren die angenehmste Wurfhaltung herausfinden und immer aus dieser Haltung werfen. Das sorgt für verlässlichere Ergebnisse.
- Üben Sie, einen glatten, natürlichen Bogen zu werfen.
- Suchen Sie sich eine Stelle auf dem Pfeil zum Zielen aus; meist geht das am besten mit der Spitze.

Das Spiel

Darts wird von zwei Personen oder zwei Mannschaften gespielt. Jeder Spieler darf vor Spielbeginn mehrere Übungswürfe machen. Um zu bestimmen, wer anfängt, wirft jeder Spieler oder jeweils ein Mannschaftsmitglied zunächst einen Pfeil. Wessen Pfeil am nächsten am Bullauge landet, der darf anfangen.

Das verbreitetste Darts-Spiel (das auch von Profis gespielt wird) heißt »501« oder »301«. Jeder Spieler startet mit 501 Punkten (bzw. bei kürzeren Spielen mit 301). Die Würfe zählen erst, wenn man einen Doppelring getroffen hat (siehe unten). Jeder Spieler wirft pro Runde drei Pfeile, und die erzielten Punkte werden von 501 (bzw. 301) abgezogen; Sieger ist, wer zuerst null erreicht. Damit kommen wir zur zweitwichtigsten Technik beim Dartspiel: Mathematik! Sie sollten relativ mühelos Ihre Punkte addieren und vom Gesamtergebnis abziehen können. Da es auch doppelte und dreifache Wertungen gibt, kann das schwierig werden – dreimal 16 plus zweimal 9 plus dreimal 19, subtrahiert von 425? Na? Na?

Das Bullauge zählt 50 Punkte, das äußere Zentrum um das Bullauge 25 Punkte, und die nummerierten Sektoren (1 bis 20) zählen so viel wie ihre Nummern. Jeder nummerierte Sektor hat jedoch einen Doppeldrahtring und einen dritten konzentrischen Ring, die die doppelte bzw. dreifache Punktzahl bringen. Deshalb ist der höchste Einzelwurf beim Dartspiel nicht das Bullauge, sondern die dreifache 20, die 60 Punkte bringt. Wenn man einem Dartsmatch unter Könnern zuschaut, wird man feststellen, dass die Spieler bei jedem Wurf dreimal 20 zu bekommen versuchen, um damit pro Runde die Maximalwertung von 180 einzukassieren.

Um das Spiel zu beenden, muss man exakt auf null kommen und mit einem Doppel abschließen. Bleiben zum Beispiel 10 Punkte übrig, muss man zum Sieg eine Doppel-5 werfen. Verfehlt man die Doppel-5 und trifft die Doppel-1, beträgt die Gesamtpunktzahl nun 8, und man muss zum Sieg eine Doppel-4 werfen und so weiter. Erzielt man mehr als die benötigte Punktzahl (indem man z. B. eine Doppel-6 oder eine einfache 16 wirft) oder hat man nur noch einen Punkt und kann deshalb nicht mit einem Doppel aufhören, wird diese Runde nicht gewertet. Man behält die Punkte, die man vor der Runde hatte (hier 10 Punkte), und versucht bei der nächsten Runde mit einem Doppel abzuschließen.

Ein anderes beliebtes Dartspiel (und für mathematisch Unbegabte besser geeignet) ist »Rund um die Uhr«. Dabei muss jeder Spieler alle Zahlen nacheinander treffen, beginnend mit der 1, dann das äußere Zentrum und zum Schluss das Bullauge. Wie beim »501« wirft man drei Pfeile pro Runde, Würfe auf die »falsche« Zahl werden aber nicht gewertet. »Rund um die Uhr« kann man sehr gut allein spielen, um seine Treffgenauigkeit zu trainieren.

Darts ist ein tolles Spiel mit vielen Pluspunkten: Mit etwas Übung haben Frauen hier genauso viele Gewinnchancen wie Männer. Außerdem ist es billig, man muss nicht körperlich fit sein, und es hat Suchtpotenzial. Vor allem aber gehört in der Regel Bier dazu. Was gibt es Besseres? Machen Sie Darts zu Ihrem Spiel, jedoch ohne auf den massiven Bierbauch leidenschaftlicher männlicher Dartspieler hinzuarbeiten.

Jargon

Wurfkörper: der metallene Teil des Pfeils, an dem dieser angefasst wird

Flügel: die Federn am Pfeil (aus Plastik, aus Papier oder tatsächlich Vogelfedern)

Double In/Out: Spiel, das mit einem Doppel beginnen und enden muss

Ausbullen: Wurf zu Beginn des Spiels, um zu bestimmen, wer anfängt

Ich kann … Golf spielen!

Falls Ihr Vater jeden Sonntagmorgen früh aufgestanden ist, um Golf zu spielen, bei jedem sonntäglichen Mittagessen über Golf geredet hat und jeden Sonntagnachmittag auf dem Sofa döste, während im Fernsehen Golf übertragen wurde, müssen wir Ihnen nicht erst sagen, dass golfende Männer hoffnungslos süchtig sind. Heutzutage jedoch wenden sich immer mehr Frauen diesem Sport zu (vielleicht um ihren Ruhestand nicht allein verbringen zu müssen), und weibliche Golfer bekommen mehr Medienaufmerksamkeit als je zuvor.

Der Golfplatz ist nicht nur ein Ort, an dem man karierte Hosen und weiße Schuhe trägt: Er eignet sich auch fürs Networking und das Knüpfen von Geschäftsbeziehungen. In manchen Ländern ist der Golfplatz eins der letzten Reservate der Geschlechtertrennung – einige Clubs lassen überhaupt keine Frauen zu, bei anderen dürfen Frauen nur zu bestimmten Zeiten spielen. Vielleicht aus Angst, dass die Männer geschlagen werden?

Das Spiel

Beim Golf muss man einen kleinen weißen Ball mit möglichst wenigen Schlägen in ein weit entferntes Loch befördern. Man spielt entweder über neun oder über achtzehn Löcher und zählt dabei die Schläge zusammen. Jedes Loch hat ein »Par«, die Anzahl Schläge, die ein idealer Spieler theoretisch für ein Loch bräuchte. Wer dieses »Par« annähernd erreicht, ist ein Golf-Ass.

Die meisten Golfer behaupten, der schwerste Schlag sei der erste jedes

Lochs, der sogenannte »Tee Shot«. (Das »Tee«, der Abschlag, ist die Stelle, wo man zu Beginn eines Lochs den Ball abschlägt.) Gelingt ein guter »Tee Shot«, steht man für den Rest des Lochs gut da. Die meisten Golfplätze bieten für Frauen eigene Abschlagplätze etwas näher am Loch zum Ausgleich für die etwas geringere Körperkraft.

Der richtige Schläger

Für den perfekten Abschlag wählt man zunächst einmal den richtigen Schläger. Ein längerer Schlag erfordert einen längeren Schläger, in der Regel ein sogenanntes »Holz«. Längere Schläger sind jedoch auch weniger präzise. Als Anfängerin sollten Sie zunächst auf Akkuratesse, nicht auf Entfernung spielen. Lassen Sie sich nicht verführen, den großen Schläger zu nehmen, und fangen Sie mit einem metallenen Schläger, einem »Eisen«, an. Mit zunehmendem Können arbeiten Sie sich dann langsam hoch.

Die richtige Haltung

Der Schlüssel zur richtigen Golfhaltung ist die Balance. Man stellt sich parallel zur Ziellinie auf – anders gesagt, seitlich zu der Richtung, in die man den Ball schlägt. Die Füße rechts und links vom Ball schulterbreit auseinanderstellen; der Ball liegt etwa 60 cm vor Ihnen.

Der richtige Griff

Die folgenden Anweisungen sind für Rechtshänder; Linkshänder verfahren einfach spiegelbildlich.

1. Die oben beschriebene Haltung einnehmen, den Kopf des Schlägers auf den Boden stellen und beide Hände an den Griff legen.

2. Die rechte Hand loslassen und den Schläger mit der linken Hand nur mit den Fingern, nicht mit der Handinnenfläche, fassen. Der Daumen der linken Hand sollte parallel zum Schaft liegen und am Griff geradeaus Richtung Boden zeigen.

3. Nun die Finger der rechten Hand an den Griff legen, die Finger nach hinten, unter den Fingern der linken Hand.

4. Den Griff mit der rechten Hand umfassen, wobei der eine Handballen leicht über dem Daumen der linken Hand liegt. Der rechte Daumen sollte nicht gerade am Schaft abwärtsweisen, sondern leicht in Richtung linker Fuß angewinkelt sein.

5. Den Schläger in leichtem, aber kontrolliertem Griff halten.

Der richtige Schwung

Hat man den Schläger und beherrscht die Haltung und den Griff, wird es Zeit, sich auf den Übungsplatz zu begeben und den Schwung zu üben. Zuvor eine kleine Warnung: Wenn Sie anfangen, auf die Bälle einzuschlagen, werden Sie versagen. Das ist unvermeidlich.

Ein Golfschlag lässt sich in vier Stadien unterteilen:

1. Beim **Ausholen** schwingt man den Schläger nach hinten, um den Ball zu treffen. Den linken Arm so gerade wie möglich, den rechten Ellbogen in einem Winkel von etwa 90 Grad halten, wenn man sich am höchsten Punkt des Backswings befindet. Den Kopf ruhig und den Blick auf dem Ball halten.

2. Beim **Abschwung** schwingt der Schläger wieder herunter zum Ball. Knie, Oberschenkel und Hüfte gehen nach vorn, wenn der Schläger durchschwingt. Die Füße bewegen sich jedoch nicht. Den Kopf ruhig und den Blick auf dem Ball halten.

3. Beim **Abschlag** trifft der Schläger den Ball. Zu diesem Zeitpunkt sollten der linke (vordere) Arm und der Schläger eine durchgehende gerade Linie bilden. Das Gewicht verlagert sich leicht nach vorn auf die Außenkante des vorderen und die Innenkante des hinteren Fußes,

die Ferse des hinteren Fußes hebt sich vom Boden. Den Kopf ruhig und den Blick auf dem Ball halten.

4. Beim **Durchschwung** schwingt der Schläger nach vorn, nachdem er den Ball getroffen hat. Der Schlägerkopf schwingt hinter die linke Schulter, das linke Handgelenk dreht sich zurück, und die Ellbogen werden gebeugt. Das Gewicht sollte auf dem vorderen Fuß ruhen, beim hinteren Fuß berühren nur die Zehen den Boden.

Natürlich besteht Golf aus weit mehr als nur dem Ausholen, Abschlag und Durchschwung. Wir schlagen vor, Sie besorgen sich einen attraktiven jungen Golfprofi, der Ihnen die Feinheiten des Golfspiels erklärt.

Jargon

Eisen: Eisenschläger für mittlere Schläge. Die meisten Anfänger brauchen zunächst nur die Eisen mit den Nummern 5 bis 9.

Grün: Sagen Sie nie »Rasen«! Der Rasen des Golfplatzes heißt »das Grün«.

Holz: Ein Schläger für weite Schläge. Die gebräuchlichsten sind der Driver, das 3er- und das 5er-Holz.

Putter: Der Schläger, den man auf dem Grün verwendet, um den Ball aus kurzer Entfernung ins Loch zu »putten«.

Wedge: Ein Schläger für kürzere Schläge, bei denen man »Höhe« benötigt, um etwa den Ball aus einem Sandloch heraus zu schlagen.

Ich kann … *werfen!*

Fast jede (und jeder) unter uns hatte wohl in der Jugend mal einen tyrannischen (und dazu noch chauvinistischen) Sportlehrer (oder natürlich eine Lehrerin), der Jungs (und gelegentlich auch Mädchen) beschimpfte, sie würden »wie ein Mädchen werfen«. Mit unserer Hilfe können Sie diese Beleidigung der alten Schule in ein Kompliment verwandeln.

Auch wenn Sie sich nie wieder in Wurfweite eines kritischen Sportlehrers begeben wollen und nicht vorhaben, Baseball zu lernen, kann es nicht schaden, richtig werfen zu lernen. Bedenken Sie nur: Nie wieder wird ein wildfremder, dahergelaufener Kerl das Herz Ihres Hundes erobern, nur weil er Bällchen und Stöckchen weiter wirft als Sie!

Der Griff

Zum Üben eignet sich ein Schlagball am besten (bekommt man im Sportgeschäft). Den Ball hält man mehr mit den Fingern als in der Faust.

Der Wurf

Beim Werfen richtet sich alle Konzentration zunächst aufs Handgelenk. Es ist gleichsam der Abzug für den Wurf, das heißt, aus dem Handgelenk kommt die Beschleunigung. Man klappt es nach hinten und schleudert durch die Bewegung aus dem Gelenk den Ball nach vorn.

Das Handgelenk darf dabei nicht steif werden. Im Idealfall rotiert der Ball nach einem Wurf aus dem lockeren Handgelenk in einer perfekten Kreisbewegung durch die Luft.

Das nächstwichtigste Körperteil ist, wen wundert's, der Arm. Jeder Wurf sollte aus einer kreisförmigen Armbewegung bestehen – je nach Weite des Wurfs ist der Kreis kleiner oder größer, bleibt jedoch immer ein Kreis. Zu Beginn hält man den Arm hinter sich und bewegt ihn dann in großem Kreisbogen nach oben. Man lässt den Ball auf dem höchsten Punkt des Bogens los, wobei man ihn aus dem Handgelenk und der Schulter nach vorn schleudert, und vollendet mit dem Arm den Kreisbogen nach unten. Bei weiteren Würfen hält man zu Beginn die Hand etwas tiefer hinter sich.

Auch die Körperhaltung will gelernt sein. Man stellt sich so auf, dass man seitlich zum Wurfziel steht. Die Seite der Wurfhand ist dem Wurfziel abgewandt. Beim Werfen das Gewicht vom hinteren Fuß (bei Rechtshänder/innen also der rechte) auf den vorderen Fuß verlagern. So kann man seine ganze Körperkraft in den Wurf legen.

Nun alle drei Körperbewegungen zusammennehmen und üben! Anfängern hilft es häufig, nicht einfach nur so weit wie möglich, sondern auf ein bestimmtes Ziel zu werfen. Also etwa im Park nicht nur so weit wie möglich auf einer großen Wiese, sondern über den nächsten Weg hinüber oder bis zu einem bestimmten Baum. (Sie vergewissern sich vorher, dass Sie niemanden treffen können.) Ihr Hund wird es Ihnen danken. Und falls Sie keinen eigenen haben, können Sie so die Herzen wildfremder Hunde gewinnen. Denn jetzt werfen Sie wirklich wie ein Mädchen!

Quiz

Sind Sie Sportfan oder Sportniete?

1. Ein angreifender Fußballspieler ist nur abseits, wenn

   a. er aktiv am Spiel beteiligt ist
   b. der Schiedsrichter pfeift
   c. man ihn nicht mitspielen lässt

2. Das höchste Blatt beim Pokern ist

   a. ein Royal Flush
   b. vier Asse
   c. König und Königin

3. Beim Golf macht man den »Tee Shot« in der Regel mit

   a. einem Holz
   b. einem Eisen
   c. einem Baseballschläger

4. Trumpf beim Skat sind

   a. die Buben
   b. die Herzdame
   c. die Karten mit dem Joker

5. Beim Dartspiel sollte man beim Ausbullen treffen

   a. das Bullauge
   b. die Zielscheibe
   c. das Bierglas

Ergebnis

Überwiegend A: Volltreffer!

Sie haben die Feinheiten von Sport und Spiel begriffen und sind bereit, es mit den Jungs aufzunehmen – und zu gewinnen!

Überwiegend B: Dicht vorbei ist auch daneben!

Sie meinen es gut und mogeln sich beim Sport begeistert durch, aber ein gewisses Aufmerksamkeitsdefizit behindert Ihre Entwicklung zum Vollblut-Fan.

Überwiegend C: Der Ball ging ins Aus!

Sie haben sich niemals auch nur ein einziges Fußballspiel angesehen, geschweige denn darüber gefachsimpelt. Wenn Sie »Rennbahn« hören, denken Sie an schicke Hüte, und beim »Dritten Mann« an einen Film mit Orson Welles. Sie sollten noch viel an sich arbeiten, sonst geht das nächste Dartspiel ins Auge.

NEW YORK
LONDON
PARIS
2005
2006
2007

Im Beruf

Nehmen wir uns einen Augenblick Zeit, uns zu gratulieren. In den vergangenen vierzig Jahren haben Frauen in allen Lebensbereichen unglaubliche Fortschritte erzielt. Es gibt Astronautinnen und Wissenschaftlerinnen, Ministerinnen und Botschafterinnen, weibliche Chief Executive Officers (CEOs) und Certified Public Accountants (CPAs) und alles Mögliche dazwischen. Wir alle wissen jedoch, dass Frauen für die gleiche Arbeit immer noch schlechter bezahlt werden als Männer in gleicher Position und es sehr wenige Frauen in leitenden Stellungen gibt. Es gibt also noch viel zu tun!

Am Arbeitsplatz dominieren immer noch männliche Einstellungen und Arbeitsstile. Zwar setzt sich langsam ein weiblicherer Führungsstil durch – und damit entsprechende positive Veränderungen wie verstärktes Teamwork und flexible Arbeitszeiten –, aber wenn es um die Spitzenpositionen geht, haben Männer immer noch die besseren Karten.

Vielleicht wollen Sie ja gar nicht so ein Alphatier werden. Dennoch können wir von Männern eine Menge lernen. Für viele Frauen ist das Problem ganz einfach: Wir sind zu nett und zu selbstlos. Wir machen uns häufig Sorgen, unser Erfolg könne auf Kosten anderer gehen – das Glück unserer Kinder, das Ego unserer Männer, die Gefühle unserer Kollegen –, und das hindert uns daran, uns einfach zu nehmen, was wir wollen. Aber es wird Zeit, mit solchen Bedenken aufzuräumen. Wir können niemals alle glücklich machen, indem wir unsere Karriere opfern. Sind wir im Job erfolgreich, sind zumindest *wir* glücklich.

Dieses Kapitel soll Ihr Selbstvertrauen stärken und Sie in den Techniken unterweisen, die erfolgreiche Männer an die Spitze bringen.

Ich kann ... *eine Gehaltserhöhung fordern!*

Erhebungen zeigen, dass Frauen im Lauf ihrer Karriere Hunderttausende Euro verlieren, weil sie keine Gehaltserhöhungen fordern und beim Antreten einer neuen Stelle kein höheres Gehalt aushandeln. Sie haben richtig gelesen. *Hunderttausende!* Es ist nicht zu fassen. Es ist nicht nur nicht zu fassen, sondern auch ganz leicht zu vermeiden.

NEHMT! MICH! WAHR!

Sie schlagen Wurzeln in Ihrem Job, Ihr Aufgabenbereich wird größer und Ihre Verantwortung ebenfalls. Eigentlich wird so ziemlich alles größer außer Ihrem Kontostand. Ihr Leistungsbericht steht an, und Ihre Vorgesetzten planen, Ihnen die üblichen zwei Prozent Gehaltserhöhung wegen gestiegener Lebenshaltungskosten zu gewähren. Früher haben Sie das akzeptiert, weil Sie glaubten, die müssten gemerkt haben, wie hart Sie arbeiten, und würden Sie belohnen, wenn sie nur könnten. Falsch! Denken Sie nach: Warum um Himmels willen sollte eine Firma sich spontan entschließen, Leuten Geld zu geben, die gar nicht danach gefragt haben?

Her mit dem Geld!

Befolgen Sie diese simplen Schritte, und Ihr Gehalt (und Ihr Ego!) wird wachsen.

Sagen Sie klar, was Sie wollen.

Machen Sie sich im Internet schlau, was andere Firmen in der Umgebung für ähnliche Jobs zahlen. Legen Sie eine Summe fest, die Sie aufgrund Ihrer Verantwortung und Erfahrung für angemessen halten. Seien Sie realistisch, aber verkaufen

Sie sich nicht zu billig. Es empfiehlt sich, zwei Prozent mehr zu fordern, als Sie sich eigentlich vorstellen. Verdienen Sie zum Beispiel 50.000 € im Jahr und hätten gerne eine Gehaltserhöhung von 10 Prozent oder 5.000 €, fordern Sie 12 Prozent oder 6.000 €.

Schreiben Sie Ihren Leistungsbericht selbst. Bereiten Sie eine Beschreibung Ihrer derzeitigen Aufgaben vor, zählen Sie auf, was Sie seit Arbeitsbeginn geleistet haben, wie sich Ihr Aufgabenbereich ausgeweitet hat, Ihre besten Leistungen und Ihre künftigen Ziele. Schrecken Sie nicht vor Prahlerei zurück, aber stellen Sie sicher, dass Sie alle Behauptungen auch beweisen können.

Wählen Sie einen guten Zeitpunkt. Machen Sie den Termin mit Ihrem Chef oder Ihrer Chefin mehrere Tage im Voraus. Überfallen Sie ihn/sie damit nicht im Fahrstuhl oder spontan in der Kantine. Wenn er/sie mitten in einer besonders hektischen Woche steckt, warten Sie einen besseren Zeitpunkt ab. Wenn es allerdings nie einen passenden Zeitpunkt gibt, machen Sie den Termin, bei dem es um Ihre Gehaltserhöhung geht, einfach so schnell wie möglich.

Seien Sie zuversichtlich, vorbereitet und ruhig. Spielen Sie vorher alle Möglichkeiten mit einer Freundin durch, damit Sie vorbereitet sind. Wenn Sie sich mit Ihrem/Ihrer Vorgesetzten treffen, geben Sie ihm/ihr eine schriftliche Aufstellung, und hören Sie sich die Antwort an. Lassen Sie sich, wenn irgend möglich, zunächst ein Angebot machen, denn es könnte sein, dass man an eine höhere Summe denkt, als Sie eigentlich verlangen wollten. Seien Sie verhandlungsbereit (siehe »Ich kann ... verhandeln«, Seite 75), denn vielleicht erreichen Sie nicht genau das, was Sie wollen.

Rechnen Sie mit einem Nein. Bevor Sie die große Forderung stellen, überlegen Sie sich, welche anderen Vergünstigungen Sie erst einmal akzeptieren würden, falls man Ihnen nicht gleich eine Gehaltserhöhung bietet. Wie wäre es mit zusätzlichen Urlaubstagen, flexibleren Arbeitszeiten oder anderen Vergünstigungen? Wenn man Sie noch nicht reif für eine Beförderung findet, fragen Sie, wie Sie in einer bestimmten Zeit Ihr Ziel erreichen können. Kommt man Ihnen gar nicht entgegen, sollten Sie über einen Arbeitsplatzwechsel nachdenken, denn da, wo Sie sind, ist offenbar kein Weiterkommen.

Seien Sie kein Dummchen. Zur Vorbereitung gehört auch, zu wissen, was man nicht tun darf. Auch wenn es verlockend ist – verfallen Sie nicht in folgende gern gemachte Fehler:

- Die Baby-Nummer: Betteln, Weinen oder Schreien ist verboten.

- Unprofessionalität: Eine Gehaltserhöhung bekommt man wegen seiner Leistungen, nicht, weil man seine Miete nicht zahlen kann oder die Kreditkartenabrechnung so hoch ist. Persönliche Aussagen sind zu vermeiden.

- Keine Kollegenschelte: Es tut nichts zur Sache, ob man zehnmal mehr arbeitet als Ralf vom Schreibtisch nebenan. Man streicht die eigenen Qualitäten heraus, nicht das Versagen anderer.

- Nicht bluffen, wenn man nichts in der Hand hat: Ein Angebot von einer anderen Firma ist eins der besten Mittel, eine Gehaltserhöhung zu bekommen. Die Drohung zu gehen, wenn man nicht weiß, wohin, ist eins der schlechtesten.

- Kein Mitleid mit den Arbeitgebern: Frauen leiden oft unter fehlgeleitetem Mitgefühl. Dies ist Business. Wer sich wirklich nicht leisten kann, mehr zu zahlen, wird das schon sagen.

Wenn Sie nicht fragen, lautet die Antwort immer Nein. Es ist besser, zu fragen und eine Ablehnung zu bekommen, als gar nicht zu fragen, weil es Ihnen beängstigend, unangenehm oder peinlich erscheint. Hier geht es um Ihr Leben – Ihre Sicherheit, die Ausbildung Ihrer Kinder, Ihre zwei Wochen Thailand! Malen Sie sich aus, wofür Sie dieses Geld brauchen, und beziehen Sie daraus den Mut, zu fordern, was Sie verdienen.

Damenprogramm

Schließen Sie dieses Jahr beim Jahresrückblick mit ein paar engen Freundinnen einen Erfolgspakt. Helfen Sie einander, den Markt zu sondieren. Entwickeln Sie gemeinsam Strategien, wie man den Chef anspricht, und üben Sie zusammen die verschiedenen Szenarien ein. Wenn Sie Ihre dicke, fette Gehaltserhöhung bekommen, feiern Sie Ihren Erfolg mit einer Party. Falls Sie nach der dicken, fetten Gehaltserhöhung fragen und Ihre Firma rundweg ablehnt, schmeißen Sie eine Party, und feiern Sie Ihre Kündigung!

Ich kann ... ein Auto kaufen!

Ein neues Auto zu besitzen ist ein berauschendes Gefühl. Eines zu kaufen ist jedoch häufig frustrierend, verwirrend und stressig. Obwohl Frauen die am schnellsten wachsende Käuferschicht am Automarkt stellen, glauben viele immer noch, dass sie von Autoverkäufern unfair behandelt und übervorteilt werden. Wer sich aber gründlich vorbereitet, kann durchaus mit dem Schnäppchen des Jahres nach Hause fahren.

Eins der größten Probleme bei den Verkaufsverhandlungen ist, dass man nie weiß, wann man das beste Geschäft macht. Man wird einfach das Gefühl nicht los, hintergangen zu werden, selbst wenn das nicht der Fall ist. Dies kann nur vermeiden, wer vorher seine Hausaufgaben gemacht hat.

Kein Kauf ohne Finanzplan ····

Vor dem Weg zum Autohändler verschafft man sich Überblick über seine Finanzen. Und das geht so:

- Ein Budget erstellen: Wie viel kann man sofort zahlen, welche Monatsraten kann man sich leisten? Bei der Berechnung Zinsen, Steuern und Versicherung nicht vergessen. Wenn man alle diese Kosten zusammenzählt, kostet ein neuer Wagen oft sehr viel mehr als den angegebenen Preis.

- Wie steht es um die Kreditwürdigkeit? Sieht es nicht so gut aus, hat man Schwierigkeiten, günstige Finanzierungsbedingungen auszuhandeln, und muss nach anderen Möglichkeiten suchen.

- Finanzierungsmöglichkeiten vergleichen: Das ist die beste Methode, die Kosten niedrig zu halten. Dazu holt man bei mehreren Banken und Kreditinstituten Angebote für Kreditzinsen ein. Diese Informationen nutzt man bei Verhandlungen mit dem Autoverkäufer, um noch niedrigere Zinsen auszuhandeln. Kann er mit dem Angebot der Bank nicht mithalten, weiß man, dass man die bestmögliche Finanzierungsmöglichkeit gefunden hat.

Das Preislimit

Sobald Sie sich entschieden haben, welchen Wagen Sie sich leisten können, und bei mehreren Händlern Probefahrten gemacht haben, müssen Sie einen Preis festlegen. Da dieser Preis Ihr absolutes Limit darstellt, muss er fair, realistisch und genau festgelegt sein.

Finden Sie zunächst den Listenpreis für das Modell heraus, das Sie kaufen wollen – den Preis, den der Händler dem Hersteller für den Wagen zahlt. Dieser Preis ist natürlich niedriger als der »empfohlene Verkaufspreis« (EVP), in dem auch der Händleranteil enthalten ist.

Den Listenpreis herauszufinden kann schwieriger sein, als man glaubt – viele Extras, die darin enthalten sind, will man vielleicht gar nicht, und es gibt zum Beispiel Transportkosten, die dem Händler vom Hersteller erstattet werden. Außerdem erhält der Händler vom Hersteller in der Regel einen Rabatt, der nicht extra aufgelistet ist – es kann sich dabei um mehrere Tausend Euro handeln. Einen fairen Listenpreis findet man am schnellsten auf Websites, die sich auf solche Informationen spezialisiert haben. Vielleicht kostet diese Auskunft eine geringe Gebühr, sie erspart dem Käufer aber Tausende.

Wer den Listenpreis kennt, kennt den tatsächlichen Wert des Wagens. Kein Händler wird ein Auto zu diesem verkaufen – schließlich muss er etwas daran verdienen, wenn er im Geschäft bleiben will. Ein annehmbares Angebot setzt sich aus dem Listenpreis und einem fairen Profit für den Händler zusammen. Wer ganz hart verhandeln will, bietet fünf Prozent mehr als den Listenpreis.

Holen Sie Angebote über den Wagen Ihrer Wahl inklusive der gewünschten Extras (etwa Schiebedach oder CD-Player) bei Online-Händlern ein. Wer eine so große Anschaffung nicht online tätigen möchte, nimmt die diversen Internet-Angebote mit zum Autohändler und nutzt sie bei den Verhandlungen. Ein besseres Angebot eines anderen Händlers ist eine der besten Methoden, den Preis zu drücken.

Die Verhandlung

Bevor Sie loslegen, sollten Sie sich auch mit dem Papierkram vertraut machen, der beim Händler auf Sie wartet. Die Formulare sind je nach Vertrag unterschiedlich. Auf Verbraucher-Websites werden die erforderlichen Schlüsselbegriffe erklärt. Wer das gesamte Fachvokabular versteht, ist nicht so leicht einzuschüchtern.

Und nun auf zum Autohändler. Es muss klar sein, dass es Ihnen ernst ist und Sie nicht einfach nur mal »schnuppern« wollen, also nehmen Sie alle Unterlagen mit – Ihre Kreditunterlagen, Finanzierungspläne, recherchierten Informationen und Angebote von Online-Händlern. So haben Sie alle Dokumente griffbereit, auf die Sie bei der Verhandlung zurückgreifen können.

Das Verhandeln mit Autoverkäufern ist eine gewaltige Herausforderung. Wenn Sie dies von vornherein eher als ein Spiel denn als ein traumatisches Erlebnis betrachten, haben Sie sehr viel bessere Karten. Behalten Sie folgende Tipps im Hinterkopf, und beschließen Sie, hart zu bleiben:

- Setzen Sie sich ein Zeitlimit, und halten Sie es ein. Sagen Sie, Sie hätten nur dreißig Minuten, um das Geschäft abzuschließen. Damit verhindern Sie den alten »Da muss ich den Geschäftsführer fragen«-Trick, der sich ewig hinziehen kann, während man Sie sitzen und schwitzen lässt.

- Gehen Sie nicht allein. Nehmen Sie eine Freundin oder ein Familienmitglied mit. Sie haben mehr Selbstvertrauen, wenn Ihnen jemand zur Seite steht.

- Rechnen Sie mit Verkaufstaktiken wie »Den Wagen kann ich jemand anderem zum vollen Preis verkaufen, warum sollten wir Ihnen etwas nachlassen?« und »Dieses Angebot gilt nur bis morgen«. Glauben Sie denen kein Wort!

- Haben Sie kein Mitleid mit den Händlern. Die können mit all den anderen Trotteln Geld verdienen – aber nicht mit Ihnen!

- Vertrauen Sie auf Ihr Angebot. Sie haben Ihre Hausaufgaben gemacht und bieten einen fairen Handel an. Sagen Sie, was Sie bereit sind zu zahlen, und lassen Sie sich nicht beirren.

- Entscheiden Sie, welche Extras Sie wollen, und berücksichtigen Sie diese bei Ihrem Preislimit, bevor Sie zu verhandeln beginnen. Viele Extras bekommt man anderswo billiger.

- Sie können auch wieder gehen. Sind Sie nicht bereit, mit leeren Händen zu gehen, haben die anderen schon gewonnen.

Verhandlungen mit Autohändlern gehören zu den allerhärtesten in der Geschäftswelt. Aber letzten Endes sind die es, die etwas von Ihnen wollen, nämlich Ihr Geld. Und so sitzen Sie doch am längeren Hebel.

Mogelpackung

Bringen Sie doch einmal den Autoverkäufer ins Schwitzen. Gehen Sie lange um das Auto herum, und inspizieren Sie jeden Zentimeter (funktioniert bei Gebrauchtwagen besonders gut). Schütteln Sie den Kopf, sehen Sie den Händler an, und ziehen Sie eine Augenbraue hoch. Dann seufzen Sie und sagen: »Wissen Sie was: Ich biete Ihnen ___ Euro.« Protestiert der Verkäufer, sagen Sie »Na, dann nicht« und gehen weg. Sie werden sehen, wie schnell er Ihnen nachläuft!

Ich kann … klüngeln!

Heutzutage scheint das Klischee »Es kommt nicht darauf an, was du weißt, sondern wen du kennst« zutreffender denn je. Mit hochkarätigen Freunden (oder Freunden mit hochkarätigen Freunden oder einfach Freunden) kommt man am besten ans Ziel. Klüngeln (neudeutsch: Networking) gehört zu den wichtigsten Fähigkeiten, ganz gleich, ob man seine Bewerbung vor Hunderten anderer auf den Tisch des Personalschefs bringen oder einen guten Deal für seine kleine Firma herausschlagen will. Wer lernt, wie man klüngelt und Kontakte pflegt, dem ist der berufliche Erfolg garantiert.

Networking – so geht's

Hier einige Tipps zum Networking, um aufzufallen, Kontakte zu pflegen und ans Ziel zu gelangen.

Wer in seinem Fachgebiet auffallen will, sollte Berufsorganisationen beitreten. Die Mitarbeit in regionalen und nationalen Verbänden beschert tolle Kontakte und positive Resonanz. Jede Gruppe, die mit dem eigenen Beruf zu tun hat, bringt uns weiter. Man kann Veranstaltungen organisieren, auf Konferenzen reden oder Artikel für den Newsletter der Organisation schreiben, kurz, alles tun, damit der eigene Name bekannt wird.

Man darf sich niemals und nirgendwo scheuen, mit Menschen ins Gespräch zu kommen. Eine geborene Networkerin unterhält sich gern mit Leuten und beschränkt sich dabei nicht auf organisierte Geschäftstreffen und Konferenzen. Kontakte knüpft man an den unwahrscheinlichsten Orten – auf Flügen, in der Warteschlange beim Straßenverkehrsamt, auf der Hochzeit der besten Freundin und so weiter.

Natürlich ist es nicht immer angemessen zu klüngeln: Eine Hochzeit ist eine Sache, eine Beerdigung eine ganz andere. Bei informellen Geschäftstreffen dagegen braucht man keine Scheu zu haben, das Eis zu brechen. Alle sind aus demselben Grund dort, und niemand findet etwas dabei, wenn sich jemand vorstellt oder sich in eine Gruppenunterhaltung mit fremden Leuten einklinkt. Man sollte jedoch sein Publikum abschätzen, bevor man eine Liste seiner beruflichen Qualifikationen herunterrattert. Manche Veranstaltungen besuchen die Leute vielleicht nur, um sich zu amüsieren, also passt man den Stil am besten der Gelegenheit an. Talente und Fähigkeiten lassen sich auch subtiler vermitteln als durch Vorlesen des Lebenslaufs.

Groß rauskommen mit Small Talk. Hören Sie richtig zu, wenn man mit Ihnen spricht, und reagieren Sie mit Wärme und Interesse. Passen Sie den richtigen Zeitpunkt ab, um über sich selbst zu sprechen. Seien Sie freundlich, knüpfen Sie Kontakte, überreichen Sie, falls es passt, Ihre Visitenkarte, und gehen Sie weiter. Wenn nicht gerade der Deal des Jahrhunderts winkt oder Sie gerade den Geschäftsführer Ihrer Traumfirma kennengelernt haben (und dieser echtes Interesse an einem Gespräch mit Ihnen zeigt), sollten Sie sich nicht allzu lange mit einem Menschen unterhalten. Legen Sie sich mehrere höfliche Abschiedsfloskeln zurecht, etwa: »Es war sehr nett, mit Ihnen zu reden. Hier ist meine Karte. Ich würde gerne in Verbindung bleiben.« Dann wechseln Sie zum nächsten Spieler.

Niemals ohne Visitenkarten. Selbst wer arbeitslos oder in der Ausbildung ist, kann sich eine professionell wirkende Karte zulegen, auf der steht, wie man zu erreichen ist. Die Karten druckt Ihnen jeder Copy-Shop.

Einmaleins der Kontaktpflege. Das bloße Sammeln von Visitenkarten zählt noch nicht als Networking. Kontakte wollen auch gepflegt werden. Um sich später an die Kontakte auch zu erinnern, macht man sich nach dem Gespräch auf der Rückseite der Visitenkarte Notizen (aber nicht im Besein des Gesprächspartners). Am nächsten Tag schickt man eine E-Mail, um zu sagen, wie sehr man sich gefreut hat, den Empfänger kennenzulernen. Darin schildert man präzise, wo und wann man sich kennengelernt hat, und nimmt Bezug auf das Gespräch. Ist der Kontakt besonders intensiv oder nützlich, kann man die Kontaktperson zum Lunch oder Kaffee einladen.

Menschen, die nicht genau das bieten, wonach man gerade sucht, sollte man dennoch nicht vernachlässigen.

Ehrlichkeit bringt's. Niemand schätzt das Gefühl, sich mit jemandem zu unterhalten, der ständig nach jemand Besserem schielt. Beim heutigen lässigen Umgangsstil in der Geschäftswelt lässt sich manchmal schwer entscheiden, wer der Wichtigste im gesamten Raum ist. Der Typ mit den Flip-Flops könnte durchaus ein wichtiger CEO sein – oder der Babysitter des wichtigen CEOs. Wenn Sie jeden gut behandeln, wird Sie bald jeder um Ihre Adresskartei beneiden.

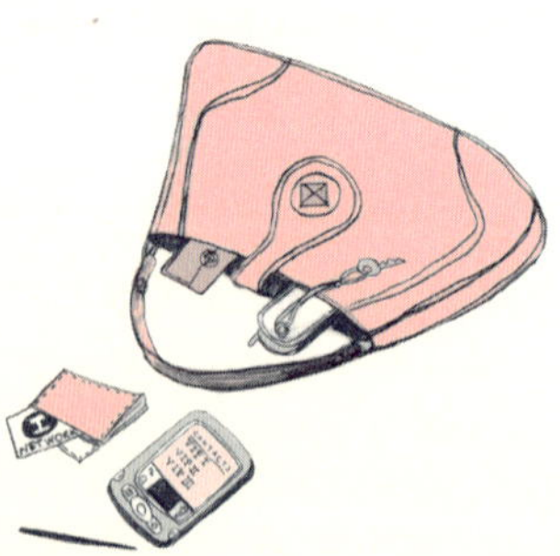

Mogelpackung

Wenn Sie sich mit einem neuen Kontakt unterhalten, der Ihnen in Zukunft nützlich sein könnte, versuchen Sie persönliche Informationen über ihn herauszufinden, etwa seine Vorliebe fürs Angeln. Bei der Kontaktpflege können Sie auf dieses Detail anspielen: so wirken Sie besonders detailorientiert und tüchtig. Und sollten Sie später einen interessanten Artikel zum Thema entdecken oder von einer passenden Veranstaltung erfahren, haben Sie einen Vorwand, sich zu melden.

Ich kann ... *verhandeln!*

Wenn es ums Vorankommen geht, ist Verhandeln eine Schlüsselfähigkeit. Wir verhandeln ständig, nicht nur über Gehaltserhöhungen und Autopreise, sondern auch um Arbeitsverteilung, Haushaltspflichten, die Freilassung von Geiseln und zahllose andere Alltagsprobleme. Wenn Sie gut verhandeln können, könnte Ihnen das im Lauf Ihres Lebens Tausende von Euro einbringen. Den meisten Frauen ist jedoch der Gedanke immer noch peinlich, ein Angebot in Frage zu stellen und etwas Besseres zu verlangen.

Erfolgreiches Verhandeln

Verhandeln bezeichnet das Hin und Her zwischen zwei Parteien mit unterschiedlichen Wünschen und Zielen, die zu einer Übereinkunft zu kommen versuchen. In unserer Gesellschaft erwartet man nicht, dass Frauen verhandeln; wir sollen akzeptieren, was man uns gibt, und keinen Ärger machen. Die Menschen halten an solchen vorgefassten Meinungen über Frauen fest und verwenden sie bei Verhandlungen gegen uns. Aber, Überraschung! – diese Zeiten sind vorbei. Es ist Zeit, Härte zu zeigen. Und so wird's gemacht.

Hart sein, schlau sein, reich sein. Berechnen Sie für Ihre Zeit, Ihre Fähigkeiten und Ihr Geld einen angemessenen Wert. Vergleichen Sie einmal, was andere für die gleiche Arbeit bekommen oder was andere für das Teil bezahlen, das Sie gerne kaufen möchten. Setzen Sie dann eine Summe fest, die durchschnittlich oder besser als der Durchschnitt ist.

Erkennen, was verhandelbar ist, und die eigene Kraft abschätzen. Am Arbeitsplatz ist fast alles Verhandlungssache.

Sie sind in einer guten Verhandlungsposition, wenn jemand etwas will, das Sie haben – Sie müssen nur einschätzen, was man dafür zu zahlen bereit ist. Sollte Ihre Chefin Sie bitten, ein großes Projekt zu übernehmen, denkt sie wahrscheinlich, dass Sie die Beste dafür sind; dann könnten Sie mehr Personal, eine zusätzliche Vergütung oder eine positive Bewertung aushandeln. Die Möglichkeiten sind grenzenlos. Es geht darum zu erkennen, was man hat und was es wert ist.

Den Angriff planen. Sobald man weiß, was man will und was es schätzungsweise wert ist, kann die Planung des Angriffs beginnen. Man sollte mehr verlangen (sogar wesentlich mehr), als man vermutlich bekommen wird, und sich überlegen, wie weit man sich herunterhandeln lassen kann, um ans Ziel zu gelangen. Auch ein Limit sollte man festsetzen, eine Untergrenze – an welchem Punkt steigt man aus?

Verhandlungen sind eine Zweibahnstraße. Natürlich will man ein bestimmtes Ziel erreichen, wer aber die Situation so im Griff hat, dass beide Seiten profitieren, hat eher Aussicht auf Erfolg. Experten sprechen hier von der »Salamitaktik«. Das heißt, man schreitet scheibchenweise zum Erfolg, statt sich die gesamte Salami mit einem Biss einzuverleiben. So bekommt man vielleicht nicht genau das, was man wollte, und sollte sich deshalb mehrere Alternativen zurechtlegen, mit denen man leben kann.

Gewähren Sie Verhandlungsspielraum. Verhandeln ist nicht dasselbe wie Streiten; man will nicht unbedingt jemanden ins Unrecht setzen, und es kommt auch nicht immer zum Streit. Das Ziel besteht darin, dass beide Seiten einigermaßen, wenn auch nicht völlig befriedigt auseinandergehen. Gewährt man dem Gegenüber keinen Verhandlungsspielraum, blockt er wahrscheinlich ab und gibt überhaupt nicht nach. Wer zum Beispiel mit der Drohung beginnt: »Wenn mir dieses Projekt nicht übertragen wird, kündige ich!«, bringt sich und seinen Chef in eine schwierige Position, weil er keinen Raum für andere Möglichkeiten lässt. Man kann ruhig sagen, dass man an dem Projekt interessiert ist, sollte aber die Antwort abwarten, bevor man mit Drohungen kommt. Weggang oder Kündigung sollten die letzten Trümpfe sein, die man nur einsetzt, wenn alle anderen Möglichkeiten erschöpft sind.

Auch Siegen will gelernt sein.

Man sagt Frauen häufig nach, sie nähmen Niederlagen zu leicht hin. Wir können aber auch schlechte Gewinner sein. Sobald sie erreicht haben, was sie wollen, bekommen viele Frauen wegen ihres Erfolges sofort ein schlechtes Gewissen und sehen ihn als die Niederlage eines anderen. Wir haben Gewissensbisse wegen eines Erfolgs und treten den Rückzug an, weil wir fürchten, die Gefühle des anderen verletzt oder uns einen Feind gemacht zu haben. Wer aber fair und sauber verhandelt und dabei am besten abgeschnitten hat, hat keinen Grund zur Reue. Schließlich sitzt hier ein gleichberechtigtes Gegenüber und kein Kind, selbst wenn sich Ihr Gegner wie eines verhält. Schmollen, Wutanfälle und üble Laune dürfen Ihre Gefühle nicht beeinflussen. Sagen Sie sich einfach, er hätte besser verhandeln lernen sollen.

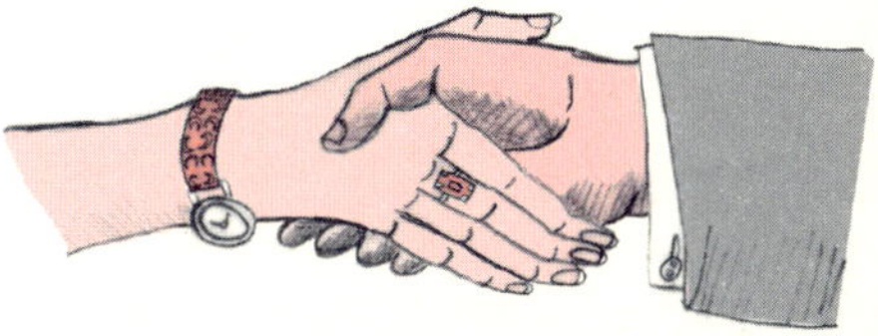

Mogelpackung!

Wie wäre es mit der »Im Winter gibt es Eis umsonst«-Philosophie? Überlegen Sie sich, was Sie alles anbieten können, ohne allzu viel zu opfern. Haben sich zum Beispiel Ihre Lebensumstände geändert, und Sie müssen freitags nicht mehr zu Hause arbeiten, bieten Sie in Ihren Verhandlungen an, darauf zu verzichten (natürlich ohne zuzugeben, dass Sie es nicht mehr nötig haben).

Ich kann … nichts persönlich nehmen!

Männer scheinen oft immun gegen Kritik und Beleidigungen. In vielen Männerdomänen wie Investment-Banking scheinen die Typen geradezu aufzublühen, wenn man sie anbrüllt und ihnen befiehlt, besser zu arbeiten – das weckt ihren Wettbewerbsgeist und spornt sie zu besseren Leistungen an. Frauen dagegen blocken bei Kritik häufig ab, besonders wenn sie in harschem oder beleidigendem Ton geäußert wird. Wer am Arbeitsplatz ein dickes Fell entwickelt, erspart sich viel Kummer, und wer nichts persönlich nimmt, wird zudem noch eine produktivere Mitarbeiterin.

Zunächst gilt es, die Situationen zu identifizieren, in denen Sie Dinge persönlich nehmen. Wer sich übergangen, beleidigt, beschuldigt oder ungeliebt fühlt, nimmt wahrscheinlich etwas persönlich. Solche Reaktionen entspringen meist dem Eindruck, zurückgewiesen, übergangen oder erniedrigt zu werden. Sie können aber auch auf dem Gefühl beruhen, dass wir unsere Position sowieso nicht verdienen.

Warum Ihre Kollegen Sie verletzen

- Sie wissen nicht, dass Sie es persönlich nehmen. Manche Leute sind einfach sehr schroff. Ihre Chefin nimmt Kritik nicht persönlich, also nimmt sie an, dass andere es auch nicht tun, oder es ist ihr egal.

- Sie haben persönliche Probleme, die sie an Ihnen auslassen.

Vielleicht müssen sie, um ihr eigenes Ego aufzubauen, andere niedermachen, oder sie sind jähzornig und neigen zu Überreaktionen.

- Sie wissen, dass Sie Dinge persönlich nehmen, und benutzen Ihre Verletzlichkeit, um Sie zu manipulieren oder vor anderen schlecht zu machen.

Wie man damit umgeht ·······

Den Charakter dieser Leute können Sie nicht ändern, aber Sie können lernen, effizient damit umzugehen, ohne sich selbst zu schaden. Beherzigen Sie folgende Tipps, wenn Sie am Arbeitsplatz das nächste Mal emotional reagieren:

- Was die schroffe Chefin angeht, versuchen Sie, ihren Standpunkt objektiv zu betrachten und seinen Wert einzuschätzen. War Ihr Bericht wirklich so lausig, wie Ihre Vorgesetzte behauptet? Wenn Ihnen keine vernünftige Erklärung einfällt, setzen Sie sich mit ihr zusammen und sprechen mit ihr über ihre Erwartungen (Tipps siehe unter »Ich kann ... zur Sache kommen«, Seite 89).

- Sie sind, was Sie sind, nicht (nur), was Sie tun: Denken Sie daran, dass sich Ihr wahres Wesen niemals allein durch das definiert, was Sie tun. Wer Ihre Arbeit oder Ihre Meinung angreift, greift Sie deshalb noch nicht als Mensch an.

- Bleiben Sie standhaft. Wie auf dem Schulhof, so gibt es auch im Büro Tyrannen. Lassen Sie sich nicht unterkriegen, nur weil andere laut und pöbelhaft sind.

- Bleiben Sie ruhig. Machen Sie dem Egomanen am Nachbar-Schreibtisch nicht die Freude, aus der Fassung zu geraten.

- Ihr Kritiker äußert nur seine persönliche Meinung. Was er glaubt, entspricht nicht der Wahrheit; es ist nur eine Interpretation der Situation. Es ist erlaubt, anderer Meinung zu sein.

- Lassen Sie unangenehme Situationen nicht eskalieren. Immer professionell zu bleiben gehört zu den besten Methoden, etwas nicht persönlich zu nehmen. Außerdem macht diese Taktik Spaß, weil sie Schreihälse unendlich frustriert.

- Manche Mitarbeiter und Vorgesetzte sind einfach Widerlinge. Falls ihr schlechtes Benehmen völlig irrational ist und Ihre Arbeit beeinträchtigt, sprechen Sie mit der Personalabteilung oder dem Betriebsrat über eine Beschwerde wegen Mobbing.

Wir alle können von Mitarbeitern lernen, von denen Beleidigungen einfach abprallen. Halten Sie sich an die Tatsachen, und lassen Sie Ihr Urteilsvermögen möglichst nicht durch Emotionen oder Wut trüben. Je eher Sie aufhören, alles persönlich zu nehmen, desto glücklicher werden Sie sein. Schließlich geht es doch nur um die Arbeit.

Extrapunkte

Kennen Sie die Maxime: »Ringe nicht mit einem Schwein; ihr werdet beide ganz schmutzig, und das Schwein liebt es«? Machen Sie die »Schweine« an Ihrem Arbeitsplatz ausfindig, und stellen Sie eine Liste der Gelegenheiten auf, bei denen diese Sie schmutzig gemacht haben. Sobald Sie wissen, wie man Ihre Reaktionen abruft, können Sie Strategien entwickeln, wie Sie es in solchen Situationen vermeiden, diesen Mist persönlich zu nehmen.

Ich kann ... angeben!

Auch wenn uns unsere Mütter vielleicht etwas Anderes beigebracht haben: Prahlen ist nicht immer ein Verbrechen. Die Fähigkeit, seine Leistungen auf diskrete Art herauszustreichen, lässt sich leicht lernen und wird bei korrekter Durchführung keineswegs nach Angeberei klingen.

Warum angeben?

Weil Ihnen das kein anderer abnimmt. Glauben Sie bloß nicht, Chef und Kollegen würden automatisch bemerken, wie gut man in seinem Job ist oder wie viele Verbesserungen man in seiner Abteilung eingeführt hat. Es reicht nicht, eine hervorragende Mitarbeiterin zu sein – die Leute müssen *merken*, dass Sie eine hervorragende Mitarbeiterin sind, und das können Sie auch dadurch erreichen, dass Sie es ihnen auf mehr oder weniger diskrete Art unter die Nase reiben.

Eigenlob stinkt nicht!

Niemand wird gern für einen Angeber gehalten. Wir wurden zur Bescheidenheit erzogen, sicherlich eine bewundernswerte Eigenschaft. Wer sich aber ständig übersehen oder bei der Beförderung übergangen fühlt, während die großspurige Jessica Lob und Prämien praktisch fürs Nichtstun einheimst, der muss das Angeben eben lernen. Hier einige Tipps fürs Prahlen ohne Protzen:

- Sich hochkarätigen Arbeitsprojekten anschließen, die sehr wichtig für die Firma sind. Wer mit stark im Vordergrund stehenden Projekten befasst ist, hat mehr Möglichkeiten, über seine Erfolge zu sprechen.

- Selbstironie ist völlig überflüssig. Man sollte sich vor anderen niemals kleiner machen, selbst wenn man damit nur Bescheidenheit demonstrieren will.

- Ist ein Kunde oder Klient mit einer Arbeit sehr zufrieden, kann man ihn oder sie bitten, das dem Vorgesetzten zu schreiben oder zu mailen. Der Kunde wird seine positive Einschätzung in der Regel gerne weitergeben.

- Besonders leicht lässt sich angeben, wenn man das andere für sich erledigen lässt. Wer anderen häufig Komplimente macht, dem werden auch sie eher welche machen. Komplimente sollte man sich nicht nur für Vorgesetzte und Geschäftsführer aufheben (das ist lediglich Schleimerei). Wer alle Mitarbeiter der Firma unterstützt, verschafft sich ein positives Image.

- Erzielen Sie bei einem Projekt oder Geschäft ein tolles Ergebnis, schicken Sie Ihrem Chef eine E-Mail oder Aktennotiz, und weisen Sie auf die gute Neuigkeit hin. Loben Sie alle Beteiligten, und verwenden Sie »wir« statt »ich« – Sie bekommen trotzdem die meiste Anerkennung, wenn die E-Mail von Ihnen kommt. Aber setzen Sie diese Taktik sparsam ein, und heben Sie sie für die wahren Triumphe auf.

- Legen Sie eine »Angeber«-Mappe mit allen positiven E-Mails und Briefen an, die Sie bekommen. Heften Sie eigene Notizen und Dokumentationen dazu, in denen Sie Ihre Leistungen im Lauf eines Jahres festhalten. Auf diese Mappe können Sie zurückgreifen, wenn Sie ein Zeugnis brauchen, oder an schlechten Tagen zur Aufmunterung darin blättern.

Aber nicht übertreiben!

Niemand mag Leute, die ständig davon reden, wie toll sie sind. Damit beeindruckt man nur die leichtgläubigsten Zuhörer, alle anderen verdrehen die Augen und beginnen am Stuhl des Angebers zu sägen. Um sich bei Ihrer Prahlerei nicht selbst ein Bein zu stellen, sollten Sie folgende Tipps beherzigen:

- Niemals Arbeiten oder Ideen anderer als die eigenen ausgeben. Wer Lob und Anerkennung an die richtige Adresse weiterleitet, tut mehr für sein Image, als wenn er sich in den Ruf eines Schmarotzers bringt.

- Fakten sprechen für sich. Man sollte niemals seine Fähigkeiten übertreiben oder Aussagen machen, die sich später als falsch erweisen.

- Prahlen Sie nur im richtigen Augenblick. Hat Ihre Firma gerade einen großen Kunden verloren, ist das vielleicht nicht der richtige Zeitpunkt, um darauf hinzuweisen, dass Ihre Arbeit am Projekt fehlerfrei war.

- Reden Sie nie darüber, wie viel Sie verdienen, wie hoch Ihre Gehaltserhöhung war oder wie viel Ihr Haus gekostet hat. Über private Finanzen zu sprechen ist schlicht und einfach geschmacklos. Es gibt viel subtilere Methoden, Reichtum zu demonstrieren, falls Ihnen daran gelegen ist.

- Niemals andere herabsetzen, um sich selbst herauszustreichen. Es ist eine Sache, zu sagen: »Ich habe mich wirklich gefreut, dass ich gerade dieses Geschäft über 20.000 € abgeschlossen habe.« Es ist etwas ganz anderes, zu verkünden: »Ich habe gerade ein Geschäft über 20.000 € abgeschlossen. Das sind 10.000 mehr, als Rita im ganzen letzten Monat gemacht hat!«

Extrapunkte

Machen Sie sich groß! Suchen Sie sich diese Woche eine Sache aus, auf die Sie im Beruf stolz sind, und benutzen Sie eine der oben vorgeschlagenen Methoden, um Ihrer Chefin diese Information zukommen zu lassen. Wenn Ihnen das peinlich ist, schließen Sie sich für den Anfang in ein Kompliment an eine Mitarbeiterin mit ein, etwa so: »Hat Sabine Ihnen von dem tollen Feedback erzählt, das wir von unserem Kunden bekommen haben?«

Ich kann ... mich streiten!

Die Fähigkeit, seinen Standpunkt zu verteidigen, ist am Arbeitsplatz ebenso wichtig wie in privaten Beziehungen. Nur allzu oft bleiben wir bei Meinungsverschiedenheiten mit Kollegen nicht standhaft, selbst wenn wir uns im Recht glauben. Die gute Nachricht: Selbst wenn Sie glauben, Konfrontation sei das Gruseligste gleich nach Schweinskopfsülze, können Sie lernen, sich effizient zu streiten.

Streiten: Grundkurs

Streit am Arbeitsplatz sollte nicht Ihre normale Kommunikationsform sein. Schließlich wollen Sie nicht in den Ruf einer ausgeflippten Irren kommen, die beim geringsten Anlass brüllt und tobt. Das Ziel ist vielmehr, seine Ideen zu verteidigen und sich nicht vor dem Chef von aggressiveren Kollegen niedermachen zu lassen.

- Auf einen Streit sollte man sich nur einlassen, wenn man wirklich von seinem Standpunkt überzeugt ist und glaubt, es könne der Firma oder dem Projekt nützen, die anderen auf seine Seite zu bringen.
- Streitpunkte wollen gut gewählt sein. Man kann sich nicht über alles streiten.
- Man sollte Details und Daten bereitlegen, um seine Argumente zu untermauern. Warum man sich im Recht glaubt, muss man klar formulieren können.
- Ruhe bewahren, ganz gleich, wie sich der Herausforderer verhält. Den eigenen Standpunkt klar und schlüssig darlegen.
- Konzentrieren Sie sich auf die Lösung des Problems, nicht auf den Triumph über den Kollegen, und lassen Sie sich nicht in die

Defensive drängen. Hier werden Ihre Ideen angegriffen, nicht Sie.

- Niemals mit persönlichen Beleidigungen arbeiten – Ideen darf man angreifen, Menschen nicht. Schließlich müssen Sie mit diesen Leuten arbeiten!

- Versuchen Sie, der anderen Seite wirklich zuzuhören. Vielleicht merken Sie, dass Sie und Ihr Gegner näher an einer Einigung sind, als Sie glauben.

- Streiten Sie nicht mit Idioten. Es hat keinen Sinn, sich mit jemandem anzulegen, der Ihnen nicht zuhört oder Sie nicht zu Wort kommen lässt.

- Scheuen Sie sich nicht, den Streit abzubrechen. Wenn er eskaliert, sagen Sie: »Ich glaube, wir haben jetzt lange genug gestritten. Reden wir nach der Sitzung weiter darüber.«

- Niederlagen mit Haltung hinnehmen. Wenn man der anderen Seite zugehört hat und erwiesenermaßen im Unrecht ist, sollte man das zugeben und zur Tagesordnung übergehen.

Streiten: Meisterkurs

Beim Streiten in der Meisterklasse geht es meist um Meinungsverschiedenheiten mit dem Chef oder anderen hochgestellten Leuten. Viele der oben angeführten Punkte gelten auch hier, aber auch Folgendes ist zu bedenken:

- Den Chef oder die Chefin niemals vor anderen angreifen, es sei denn, es gelte schwerwiegende und schlimme Folgen zu vermeiden.

- Streitigkeiten mit Vorgesetzten sollten dem Zweck dienen, sie auf den richtigen Kurs zu bringen und vor eventuellen Fehlern oder Fallstricken zu bewahren.

- Haben Sie Ihre Fakten parat. Tragen Sie das Problem von Ihrer Warte aus vor, bieten Sie eine Lösung an, und stützen Sie Ihre Argumente durch Details.

- Hören Sie sich an, was Ihr Chef/Ihre Chefin zu sagen hat, wiederholen Sie, was sie Ihrer Auffassung nach gesagt hat, und bitten Sie dann, einen Gedanken oder eine Idee beitragen zu dürfen. Auf diese Weise vermeiden Sie offenen Widerspruch.

- Erzählen Sie anderen Kollegen nicht hinter dem Rücken der Chefin, dass Sie anderer Meinung sind, und setzen Sie sich nicht über sie hinweg, außer wenn Ihnen keine andere Möglichkeit bleibt.

Streiten: Kneipenkurs

Alkoholisiertes Streiten ist das üblichste, das lustigste und das gefährlichste. Es wird wohl selten während der Arbeitszeit stattfinden (es sei denn, Sie haben ein Alkoholproblem), aber auf einer Party oder bei einem anderen gesellschaftlichen Ereignis geht das so:

- Je lauter Sie sind, desto rechter haben Sie.

- Fakten sind unnötig; sie verkomplizieren nur Ihre brillanten Argumente.

- Sind Fakten gefragt, haben Sie keine Hemmungen, sie zu erfinden, besonders Statistiken. Es ist praktisch unmöglich, sich mit jemandem zu streiten, der Zahlen erfindet.

- Persönliche Beleidigungen sind willkommen und angebracht.

- Es geht nur darum, Recht zu behalten und die anderen dumm dastehen zu lassen. Schrecken Sie dabei vor nichts zurück.

Mogelpackung!

Wenn Sie sich angegriffen oder in die Ecke gedrängt fühlen, versuchen Sie, den Spieß umzudrehen. Statt Ihren Standpunkt zu verteidigen, greifen Sie den gegnerischen Stand punkt an und verlangen Sie Fakten, die ihn untermauern. Jeder erfahrene Streithammel beherrscht diesen Trick – die Meinung anderer anzuzweifeln, ohne jemals wirklich eine eigene zu äußern.

Ich kann … *frotzeln!*

Frotzeln ist als eine Form von Zanken, Nerven, Ärgern oder Aufziehen typisch für Jungmännerverbände, wobei die Jungs nach Herzenslust aufeinander herumhacken und einander beleidigen dürfen, und das alles unter dem Motto »Du verstehst wohl keinen Spaß?«. Meistens werden die Damen von diesem gutgelaunten Gezänk ausgeschlossen (vielleicht weil wir Witze über unsere Mütter aus irgendeinem Grunde nicht komisch finden), aber wer lernen will, es den Jungs gleichzutun, muss auch frotzeln lernen.

Frotzeln ist eine relativ milde Form der Beleidigung, etwa wenn man sich über jemanden lustig macht, der beim Sport einen einfachen Schuss verpasst oder mit einem Knutschfleck im Büro auftaucht. Es sollte nicht in Drangsalieren ausarten und, wenn es am Arbeitsplatz geschieht, keinesfalls sensible Themen wie Geschlecht, Herkunft, Körpergröße, Gewicht, Sexualität und Religion berühren. Das wäre Belästigung, nicht Frotzeln, und könnte eine Menge Ärger einbringen.

Frotzeln: Die Spielregeln

Hier die Richtlinien fürs effiziente und brillante Frotzeln.

- Aus irgendeinem Grunde scheint es beim Frotzeln angesagt, Leute nur beim Nachnamen zu nennen, zum Beispiel: »He Schmitz, 1980 hat angerufen. Es will seine Hose zurück.«
- Schnelligkeit ist alles. Es ist viel cooler, jemanden als Erste an-

zufrotzeln, als sich einer bereits laufenden Frotzelei anzuschließen.

- Ein weiterer geschickter Schachzug: Den Frotzeler anfrotzeln. Wenn einige Ihrer Kollegen sich auf den Typ mit dem Celine-Dion-T-Shirt einschießen, machen Sie nicht mit. Drehen Sie lieber den Spieß gegen den Rädelsführer um: »Und wenn schon, Müller. Immer noch besser als die Phil-Collins-Frisur, mit der du rumläufst.«

- Bleiben Sie bei unverfänglichen Themen. Schließlich wollen Sie niemanden in die Therapie bringen. Sich über eine verrückte Frisur lustig zu machen oder jemanden mit seinem Verliebtsein aufzuziehen ist in der Regel akzeptabel. Dem Computerfreak der Firma sagen, dass er nie eine Frau abbekommen wird, weil er ein hässlicher Troll mit dem Mundgeruch eines Warzenschweins ist? Nicht wirklich akzeptabel.

- Wollen Sie andererseits jemanden mit dem Ego eines Dieter Bohlen aufziehen, oder entspricht der Spott ganz offensichtlich nicht der Realität, können Sie sich sehr viel mehr erlauben. Wenn Sie dem Frauenschwarm der Firma sagen, er würde nie eine Frau abbekommen, weil er ein hässlicher Troll mit dem Mundgeruch eines Warzenschweins ist, werden Sie vermutlich keinen allzu großen Schaden anrichten.

- Wer austeilt, muss auch einstecken können. Punktum.

Mogelpackung

Am einfachsten können Sie jemanden anfrotzeln, wenn Sie Sätze aus Jungsfilmen zitieren. Plündern Sie *American Pie*, nicht *Pretty Woman*.

Ich kann … zur Sache kommen!

Ist es Ihnen schon mal passiert, dass Sie Ihrem Freund, Mann oder einem anderen männlichen Wesen die faszinierende Geschichte erzählt haben, die Ihre Freundin Gaby neulich im Bus erlebt hat, nur um irgendwann zu merken, dass man Ihnen nicht zuhört? Wie wir wissen, halten Frauen immer sehr viel mehr Einzelheiten für nötig, als Männer verarbeiten können.

Am Arbeitsplatz gehört es zu den wichtigsten Kommunikationstechniken, schnell und prägnant zur Sache zu kommen. Wenn Sie Ihre Ausführungen mit allen möglichen nebensächlichen Informationen aufbauschen, schwächen Sie nur Ihre Position. Jedes Detail der Trennung von Max und Karin zu erörtern ist wahrscheinlich immer noch unerlässlich, wenn Sie mit Ihrer besten Freundin sprechen, wenn Sie aber jede Einzelheit Ihres Gesprächs mit dem Kopierer-Mann wiederholen, langweilt das einfach nur.

Kommen Sie auf den Punkt! …

Nicht sicher, ob Sie zum Schwafeln neigen? Sie haben Schwierigkeiten, zur Sache zu kommen, wenn einer der folgenden Punkte zutrifft:

- Man unterbricht Sie häufig.
- Man führt Ihre Geschichten oder Sätze zu Ende.
- Die Leute werden zappelig und bekommen glasige Augen, wenn Sie anfangen zu reden.

Im Geschäftsleben erleben wir viele Situationen, in denen wir nur wenig Zeit haben, Eindruck zu machen, etwa bei E-Mails, Vorschlägen oder Kundengesprächen.

Wenn wir nicht in den ersten paar Sekunden die Aufmerksamkeit unserer Zuhörer wecken, verpassen wir vielleicht die entscheidende Gelegenheit, unsere Sache darzustellen. Also überspringen Sie langweilige Vorreden, und kommen Sie auf den Punkt.

- Vermeiden Sie alle Details, die nicht direkt zu Ihrer Sache gehören. Wenn es keine Rolle spielt, ob die Ereignisse, von denen Sie reden, letzten Dienstag passiert sind, lassen Sie es weg.
- Verzichten Sie auf unnötige und nebensächliche Anekdoten. Heben Sie sich Ihre witzigen, schockierenden oder peinlichen Geschichten für andere Gelegenheiten auf.
- Wiederholen Sie keine Dialoge. Es ist unnötig und zeitraubend, jedem zu erzählen, was Sie gesagt haben, was Klaus gesagt hat, was Sie geantwortet haben und was Klaus darauf erwidert hat.
- Sagen Sie es nur einmal und mit möglichst wenigen Worten. Wenn man Sie nicht ausdrücklich bittet, etwas klarzustellen oder zu wiederholen, sagen Sie nicht dasselbe noch einmal, selbst wenn Sie es anders zu formulieren glauben.
- Meiden Sie Lückenbüßer wie »äh«, »hm« und »sozusagen«. Die kosten nicht nur Zeit, man wirkt damit auch unbeholfen und unsicher.

- Stellen Sie in Sitzungen nur Fragen, die für die Diskussion relevant und dem Stil und Zweck des Meetings angemessen sind. Planen Sie eine Konferenz ein Jahr im Voraus, sind Fragen zu den Sandwiches oder Einzelheiten des Zeitplans nur Ballast und irritieren die Leute. Und Fragen zu stellen, die nur für Sie relevant sind, ist unnütz und nervig. Stellen Sie keine Fragen, nur um sich bemerkbar zu machen.

Denken Sie daran: Sie können nicht erwarten, dass andere Ihre Sache verstehen, wenn Sie nie zur Sache kommen. Verzichten Sie auf das Füllmaterial, dann fällt es Ihnen viel leichter, sich verständlich zu machen.

EXTRAPUNKTE!

Nehmen Sie eine komplizierte Geschichte oder Situation und üben Sie, sie in einer Minute oder weniger zu erklären. Das zwingt Sie, die wesentlichen Punkte zu erkennen und sich nur auf diese zu konzentrieren.

Quiz

Sind Sie ein Mogul oder ein Mäuschen?

1. Bevor Sie ein Auto kaufen, sollten Sie in Erfahrung bringen

   a. den Listenpreis
   b. den empfohlenen Verkaufspreis
   c. den Ehrenpreis

2. Beim Angeben sollten Sie niemals

   a. über Ihre privaten Finanzen reden
   b. über Ihr Privatleben reden
   c. über Ihr Sexualleben reden

3. Wenn Sie Schwierigkeiten haben, zur Sache zu kommen:

   a. Üben Sie, eine Geschichte in einer Minute oder weniger zu erzählen.
   b. Üben Sie, eine Geschichte in zehn Minuten oder weniger zu erzählen.
   c. Üben Sie, eine Geschichte allen, die Sie kennen, zu erzählen.

4. Beim Frotzeln sollten Sie

   a. die Leute beim Nachnamen nennen
   b. die Leute beim Spitznamen nennen
   c. jemanden einen Trottel nennen

5. Ein Fehler, den Frauen bei Verhandlungen häufig machen, ist

   a. ein schlechtes Gewissen zu haben, wenn sie erreichen, was sie wollen
   b. zu viel zu verlangen
   c. den Chef zum Rendezvous zu bitten

Ergebnis

Überwiegend A: Auf dem Weg nach oben!

Eine angehende Angela Merkel! Sie haben sich die Fähigkeiten erarbeitet, im Geschäftsleben voranzukommen, ohne dabei zum Schwein zu werden. Machen Sie weiter so, und erstürmen Sie die Spitzenposition!

Überwiegend B: Gleichbleibend aufwärts!

Sie stehen sich vermutlich nicht schlecht, aber irgendetwas bremst Sie. Konzentrieren Sie sich auf das, was Sie wollen, und scheuen Sie sich nicht zu verlangen, was Ihnen zusteht!

Überwiegend C: Abwärtsspirale!

Aus irgendeinem Grunde kommt Ihre Karriere einfach nicht in Schwung. Amüsieren Sie sich vielleicht zu gut?

Heimwerken

Als Annie Lennox und Aretha Franklin seinerzeit sangen »Sisters Are Doing It For Themselves«, konnten sie nicht ahnen, dass sie damit eine Hymne für ein Heer von Heimwerkerinnen schufen. Da sich die Zahl der Hausbesitzerinnen in den letzten Jahren verdoppelt hat, gibt es keinen Zweifel mehr – die moderne Handwerkerin macht es wirklich selbst, überall im Haus.

Heimwerken ist angesagt – davon zeugen schon zahlreiche Fernsehserien. Seltsamerweise ist das häusliche Basteln geradezu sexy geworden, und Millionen Zuschauer schalten täglich ein und sehen sich an, wie auch sie ein Schlafzimmer im französischen Kolonialstil für unter 100 € kreieren können. Plötzlich interessieren uns nicht nur die Ergebnisse; uns interessiert, diese Ergebnisse selbst herzustellen.

In diesem Kapitel erklären wir einige grundlegende Handwerkstechniken, aber auch etliche Fertigkeiten, die bislang den Männern vorbehalten waren. Vom Säubern der Abflüsse bis zum Anbringen von Regalen und zum Tranchieren der Weihnachtsgans zeigen wir Ihnen, wie leicht Sie Herrin im eigenen Haus werden können.

Das alles zu lernen ist für allein lebende Frauen unerlässlich, aber auch für diejenigen, die es leid sind, ständig zu warten, dass ihr Mann endlich den Rasen mäht. Aber Vorsicht! Vielleicht leisten Sie ohnehin schon mehr als die Hälfte der Hausarbeit. Wenn Sie sich also auch noch als Handwerkerin betätigen, achten Sie darauf, zum Ausgleich einige weniger aufregende Aufgaben abzugeben (Saugen? Staub wischen?).

Und nun ran an den Hammer, den Blaumann gegürtet, jetzt wird es ernst mit dem Heimwerken.

Ich kann … Abflüsse frei machen!

Wer kennt das nicht: Statt sich in einem flotten, Raumpatrouille-Orion-artigen Strudel zu verflüchtigen, dümpelt das Wasser im Waschbecken vor sich hin, braucht Ewigkeiten zum Ablaufen und will schließlich gar nicht mehr weichen. Und der Geruch ist auch nicht so toll. Der Lebensgefährte, so frau einen hat, hat längst ausgefeilte Taktiken entwickelt, sich vor dieser Drecksarbeit zu drücken.

Jetzt bleiben uns drei Möglichkeiten: Wenn man den Installateur ruft, wird es teuer. Sie können natürlich Ihr Adressbuch durchgehen und sich zu erinnern versuchen, welcher Ihrer Freunde, Bekannten, Kollegen Ihnen noch einen Gefallen schuldig ist – oder bei wem Sie sich gefallensmäßig am liebsten verschulden. Die beste Möglichkeit aber ist die: Ärmel aufkrempeln, Augen zu, Nase zu – und durch!

Dem verstopften Abfluss begegnet man am besten mit einem Fünfstufenplan:

1. **Vorbeugung:** Lassen Sie es gar nicht erst so weit kommen. Entfernen Sie Haare, Seifen- und Speisereste immer sofort, bevor sie sich im Abfluss festsetzen können, und lassen Sie so wenig wie möglich davon überhaupt ins Wasch- oder Spülbecken gelangen. Um üblen Gerüchen vorzubeugen, hilft ein altes Hausmittel: Alle paar Tage einen Schuss Essig oder Essig-Essenz in den Abfluss geben, möglichst abends vorm Schlafengehen oder morgens, bevor Sie aus dem Haus gehen, damit die Säure möglichst lange ungestört wirken kann.

2. **Mechanische Methode light:** Besorgen Sie sich einen Ausgussreiniger (auch Saugglocke oder familiär Pümpel genannt). Das ist ein Holzstiel mit einer Gummiglocke am Ende. Verstopfen Sie das Überlaufloch des Waschbeckens mit einem Lappen oder Ähnlichem, und lassen Sie mindestens 10 cm hoch Wasser ins Becken laufen. Setzen Sie die Saugglocke über den Abfluss, vollführen Sie mit dem Stiel kräftige Pumpbewegungen und ziehen die Glocke dann mit energischem Schwung ab. Falls es noch keinen erlösenden Rülpser aus dem Abfluss gibt, den Vorgang mehrmals wiederholen.

3. **Die chemische Keule:** Wenn Ihnen körperliche Arbeit zuwider oder der Ekelfaktor zu hoch ist, können Sie natürlich im Drogerie- oder Baumarkt einen Abflussreiniger erwerben, sollten aber wissen, dass diese Chemikalien gesundheits- und umweltschädlich sind. Aber wenn's sein muss: Befolgen Sie die Anweisungen auf der Flasche genau, dosieren Sie so niedrig wie möglich, und beachten Sie alle Vorsichtsmaßnahmen. Achtung: Alte Rohre sind oft so morsch, dass ihnen ein Löffelchen Abflussreiniger den Rest geben kann. Für daraus resultierende Rohrbrüche und Überschwemmungen in den Nachbarwohnungen kommt die Haftpflichtversicherung in der Regel nicht auf.

4. **Mechanische Methode heavy:** Hat der gute alte Pümpel versagt, wird es unangenehm. Stellen Sie einen Eimer unter das Waschbecken, schließen Sie die Tür, öffnen Sie das Fenster, legen Sie eine Atemschutzmaske an (gibt es für wenig Geld im Baumarkt) oder binden sich ein Tuch um Mund und Nase. Schrauben Sie das »Knie« (den U-förmig gebogenen Teil des Abflussrohrs unterm Waschbecken) mit Hilfe einer Rohrzange (Wasserpumpenzange) ab. Falls die Zange nicht greift, einen feuchten Lappen um die Rohrstelle legen. Das abgeschraubte Rohrstück gründlich säubern – es stinkt bestialisch – und wieder anschrauben. Nehmen Sie den Eimer erst weg, wenn das Wasser einwandfrei abfließt. Sie brauchen jetzt möglicherweise einen Schnaps. Lesen

Sie jetzt Punkt 1 noch einmal durch: Sie sind nun erheblich motivierter, ihn zu befolgen.

5. **Ruf nach dem Fachmann:**
Haben alle diese Maßnahmen nichts gebracht, sitzt das Problem tiefer, nämlich irgendwo in der Wand. Da muss ein Fachmann her. Rufen Sie je nach Zuständigkeit Ihren Vermieter, die Hausverwaltung oder einen Installateur Ihres Vertrauens an.

Extra-Tipp:
Wenn schon der teure Klempner kommen muss, überlegen Sie, was er gleich mit erledigen könnte: Müssen Gastherme oder Boiler demnächst gewartet werden? Pfeift die Heizung? Macht der Spülkasten Ärger? Wenn der Mann mehrere Fliegen mit einer Klappe schlägt, sparen Sie mindestens die Anfahrtkosten und vielleicht noch die eine oder andere »angefangene Stunde«.

Ich kann … Bilder aufhängen!

Mit Bildern, Fotos oder gerahmten Spiegeln lässt sich eine Wohnung schnell und einfach verschönern. Bei ungeschickten Menschen kann das plötzliche Bedürfnis, ein paar gerahmte Bilder aufzuhängen, aber schnell zu Wänden führen, die es an Löchrigkeit mit jedem Schweizer Käse aufnehmen können. Wir finden zwar, man sollte sich mit Begeisterung ins Heimwerken stürzen, es lohnt sich aber, einige simple Anweisungen zu beachten, bevor man Hammer und Nägel auspackt und beginnt, die Wände zu demolieren.

Eine Frage der Hängung

Ein paar simple Tipps verhelfen zur stilvollen Bilderanordnung:

- Zunächst findet man den besten Platz heraus. Die meisten Menschen hängen Bilder zu hoch oder nehmen einen Rahmen, der zu klein für den Platz ist. Die Oberkante des Rahmens sollte sich etwa auf Augenhöhe befinden (ca. 1,70 m). Soll das Bild allerdings in einem Sitzbereich hängen, sollte man es tiefer setzen; hängt es in einem Bereich, wo man eher steht, etwa in Flur oder Diele, hängt man es etwas höher.

- Wandschmuck sollte die Konturen des Raums erweitern und ihn größer erscheinen lassen. Ist das Bild zu klein, versuchen Sie, es mit anderen, ähnlichen Stücken zu kombinieren – Bildern mit demselben Thema, ähnlichen Farben oder anderen gemeinsamen Elementen.

Legen Sie die Bilder auf dem Boden in der Nähe der Wand aus, an der sie aufgehängt werden sollen, damit Sie einen Eindruck bekommen, wie sie nachher an der Wand wirken. Außerdem gilt es die Einwirkung von Faktoren wie direkter Sonneneinstrahlung oder Feuchtigkeit zu bedenken und wenn nötig zu vermeiden.

- Nun müssen Sie entscheiden, welches Zubehör Sie brauchen. Dazu müssen Sie zweierlei kennen: das Gewicht des Bildes und die Beschaffenheit der Wand. Auf der Verpackung von Bilderhaken ist angegeben, für welches Gewicht diese geeignet sind. (Verwenden Sie unbedingt Bilderhaken, denn Nägel allein verbiegen sich, außer bei sehr leichten Bildern, recht schnell, und Ihr Kunstwerk könnte allzu bald auf dem Boden landen.) Bei sehr schweren Bildern oder großen Spiegeln kommen Sie um Dübel und Schraubhaken nicht herum. (Zum Arbeiten mit der Bohrmaschine siehe nächstes Kapitel.)

Massive Stein- oder Betonwände bieten in der Regel keine Schwierigkeiten. Besteht Ihre Wand aber aus einer vorgesetzten Rigipsplatte (zu erkennen am hohlen Geräusch, wenn man dagegenklopft), sollten Sie sicherheitshalber spezielle Spreizdübel verwenden. Lassen Sie sich im Baumarkt beraten!

Damit es keine Flut- oder Brandkatastrophen gibt, sollten Sie, bevor Sie zu Hammer oder Bohrmaschine greifen, überprüfen, ob an der festgelegten Stelle eine Strom- oder Wasserleitung verläuft. Dazu benutzt man ein batteriebetriebenes Metall-/Leitungsprüfgerät. Wer so etwas nur selten braucht, kann es sich bei Freunden ausleihen, wer aber vom Heimwerkervirus angesteckt ist, schafft sich am besten selbst eines an.

Die Elektro- und Wasserleitungen sollten immer ordentlich in rechten Winkeln verlegt sein. Leider ist aber manchmal damit zu rechnen, dass Stromleitungen nicht ordentlich und ökonomisch verlegt wurden. Für solche Fälle brauchen Sie das

Leitungsprüfgerät. Optimal ist es, wenn Sie einen Plan haben, in dem die Leitungen, die unter Putz in Ihrer Wohnung liegen, verzeichnet sind.

- Nun geht es ans Aufhängen. Halten Sie das Bild an die Wand, und markieren Sie mit einem kleinen Bleistiftpunkt die Rahmenoberkante. Dann den Aufhängedraht straff halten und vom Draht bis zur Rahmenoberkante messen. Anschließend von der ersten Markierung abwärts dieses Maß abmessen und wiederum anzeichnen – dies ist die Stelle, an die der Bilderhaken kommt. Genauso markiert man Bilder mit einem Aufhänger; man misst vom Aufhänger bis zur Oberkante des Rahmens. Damit die Wandfarbe nicht splittert, klebt man über die Einschlagstelle ein Stück Kreppklebeband. Nun nagelt man an der zweiten Markierung den Bilderhaken an, hängt das Bild auf und rückt es gerade.

Befolgen Sie diese einfachen Anweisungen, und im Handumdrehen sieht Ihre Wohnung aus wie eine tolle Kunstgalerie – und hoffentlich nicht wie eine Galerie mit lauter David-Hasselhoff-Fotos.

Mogelpackung

Mit Bildern und Wandbehängen lässt sich die Atmosphäre eines Raums verändern. In kleinen Räumen verwendet man Bilder mit horizontaler Wirkung, etwa Panoramabilder von Stränden oder Landschaften, um die Illusion von Weite zu erzeugen. In Räumen mit niedriger Decke täuscht man mit vertikal ausgerichteten Bildern von Bäumen oder hohen Gebäuden mehr Höhe vor.

Ich kann ... Regale anbringen!

Das Anbringen von Regalen ist schwierig und steckt voller Tücken. Wenn man nicht gewisse Vorsichtsmaßnahmen ergreift, endet man mit einer schiefen Katastrophe, die herunterkracht, sobald man sie auch nur mit einer Teetasse belastet. Die gute Nachricht ist, dass es dafür Elektrowerkzeuge wie die unentbehrliche Bohrmaschine gibt. Die sollte jede angehende Heimwerkerin in ihrer Werkzeugkiste haben.

Perfekte Platzierung

Und so werden Regale fachgerecht angebracht:

1. Zunächst die Position der Regale festlegen.

2. Sie werden mit der Bohrmaschine arbeiten, also vergewissern Sie sich zunächst, ob Sie auch keine Strom- oder Wasserleitungen anbohren. Überprüfen Sie die Wand mit einem Leitungsprüfgerät (gibt es im Baumarkt).

3. Ist die vorgesehene Wand der Aufgabe gewachsen? Massive Stein- oder Betonwände halten bei fachgerechter Anbringung auch schwer beladene Regale. Vorgesetzte Rigipsplatten (klingen beim Klopfen hohl) halten sehr viel weniger Gewicht aus, und statt der normalen Dübel sollte man spezielle Hohlraum- oder Spreizdübel benutzen.

Sollten Sie es mit Betonwänden zu tun haben, brauchen Sie übrigens einen Bohrhammer. Eine Schlagbohrmaschine würde hier nur heißlaufen und sich selbst zerstören. Bohrhämmer können sie im Baumarkt ausleihen.

4. Es geht nichts über die alte Heimwerkerregel: »Zweimal messen, einmal bohren.«

Nach dieser Maxime anzeichnen, wo das Regal hängen soll, und die waagerechte Ausrichtung mit einer Wasserwaage überprüfen (einem Werkzeug mit einer in Flüssigkeit schwebenden Luftblase, die anzeigt, ob Regale oder Bilder gerade hängen). Nun die Position der Regalträger mit einem Bleistift anzeichnen (etwa 80 cm Abstand). Wer keine Wasserwaage hat, misst mit einem Maßband an zwei oder mehr Punkten von der Decke nach unten nach, ob die Markierung gerade sitzt. (Hier bleibt ein gewisser Unsicherheitsfaktor; vor allem in alten Häusern sind die Decken häufig schief.) Je länger das Regalbrett ist und je schwerer es beladen werden soll, desto mehr Regalträger braucht man. Wenn Sie sicher sind, dass die Markierungen den richtigen Abstand haben, gleich weit voneinander entfernt sind und auf derselben Höhe sitzen, können Sie anfangen zu bohren.

5. Setzen Sie den für die Dübelstärke passenden Bohrer ein. (Ein Dübel ist die Plastikhülse, die in das Bohrloch eingesetzt wird und in die man dann die Schraube eindreht.

Das Innenmaß des Dübels sollte also der Schraube, das Außenmaß dem Bohrloch entsprechen.)

Gute Bohrmaschinen haben einen Stabaufsatz, mit dessen Hilfe Sie die Dübellänge einstellen können, damit Sie wissen, wann das Bohrloch tief genug ist; hilfsweise markiert man die Dübellänge mittels Klebeband am Bohrer. Bohren Sie sämtliche Dübellöcher in der richtigen Tiefe. Die Schrauben sollten mindestens 25 mm lang sein, damit die Regalträger fest an der Wand sitzen.

6. Nun die Dübel in die Löcher schieben (notfalls gefühlvoll mit dem Hammer nachhelfen) und die Träger mit Schraubenzieher, Akkuschrauber oder Schraubvorrichtung der Bohrmaschine an die Wand schrauben. Das Regalbrett (natürlich nach dem Lackieren bzw. Beizen und Trocknen) auf die Träger legen und mit Schrauben befestigen, damit es nicht nach vorn kippt, wenn man schwere Gegenstände darauflegt.

Sind Elektrowerkzeuge nicht etwas Herrliches?

DAMENPROGRAMM

Fragen Sie im nächsten Baumarkt oder in der Volkshochschule nach, ob dort Heimwerkerkurse für Frauen angeboten werden. Buchen Sie den Kurs mit ein paar Freundinnen. Dann laden Sie sie zum Brunch ein und lassen sich beim Renovieren Ihres Schlafzimmers helfen! Noch besser: Machen Sie mit Ihren Freundinnen einen Do-It-Yourself-Club auf, und helfen Sie sich gegenseitig bei lange aufgeschobenen Heimwerkerprojekten.

Ich kann ... Gläser öffnen!

Sie wollten doch nur möglichst viele saure Gurken in möglichst kurzer Zeit verschlingen. Aber der Deckel klemmt. Er rührt sich einfach nicht und zwingt Sie, sich unterwürfig dem nächstbesten männlichen Wesen zu nähern und es um den rettenden Handgriff zu bitten, der ihm auch häufig (allerdings nicht immer) mit irritierender Leichtigkeit gelingt. Bestimmt nur, weil Sie so gut vorgearbeitet haben, oder? Da wir die Wissenschaft erfunden haben, um menschliche Unzulänglichkeiten auszugleichen, müssen wir jetzt eben beim Öffnen von Gurkengläsern wissenschaftliche Prinzipien anwenden.

Mittlerweile sind die verschiedensten Geräte auf dem Markt, die auf mechanischem Wege mit dem Problem fertig werden, die meisten sind aber nur aufgehübschte Varianten alter Haushaltsmittel. Bevor Sie also viel Geld ausgeben, probieren Sie doch erst einmal die folgenden simplen Tricks aus.

Probleme beim Gläseröffnen fallen in zwei Hauptkategorien: klemmender Deckel und unzureichender Griff. Wenn Sie diese Hinderniskategorien überwinden, werden Sie nie wieder erwägen, ein Glas mit dem Hammer zu zerschlagen.

Der Deckel klemmt

Falls der Deckel gar nicht nachgeben will, versuchen Sie es mit einem der folgenden Tricks:

- Drehen Sie das Glas um, und schlagen Sie mit dem Handballen mehrmals kräftig auf den Boden. Oder beklopfen Sie den Deckelrand rundum mit dem Stiel eines Holzlöffels, einem Messergriff oder ähnlichen schweren, stumpfen Werkzeugen.

- Schieben Sie die Klinge eines stabilen Buttermessers mehrmals und an verschiedenen Stellen unter den Deckelrand, bis ein Knacken ertönt. Jetzt sollte der Deckel ganz leicht zu öffnen sein.

- Metalldeckel kann man unter heißes Wasser halten, damit sich das Metall ausdehnt und der Deckel sich löst.

- Wollen Sie das Glas nicht wieder verschließen, können Sie den Deckel mit einem scharfen Gegenstand durchbohren. Der Glasinhalt lässt sich ja in ein anderes verschließbares Gefäß umfüllen.

- Vor dem Wiederverschließen den Glasrand mit ein paar Tropfen Öl einreiben.

Mit festem Griff

Falls Ihr Handgriff nicht fest genug ist, probieren Sie einen der folgenden Tricks.

- Legen Sie ein dickes Gummiband um den Glasdeckel, damit Sie besser zupacken können.

- Ziehen Sie einen Latex- oder Gummihandschuh an, bevor Sie den Deckel aufdrehen.

- Halten Sie das Glas nicht von sich weg, sondern möglichst nah am Körper. Drehen Sie das Glas, nicht den Deckel.

Nun können Sie es den Jungs demnächst zeigen, wenn sie bei dieser Männerarbeit versagen!

EXTRAPUNKTE

Ein fester Handgriff ist beim Gläseröffnen besonders wichtig. Sie können daran arbeiten, indem Sie einen Tennisball mehrmals sechs Sekunden lang drücken und dann loslassen. Natürlich gibt es für dieses Problem im Sportgeschäft auch teure Spezialgeräte, mit denen Sie Ihren Handgriff trainieren können. Trainieren Sie mehrmals in der Woche.

Ich kann ... tranchieren!

Vielleicht liegt es am Messerwetzen oder an der Kunstfertigkeit oder einfach an der Vorliebe für große Fleischportionen – jedenfalls tranchieren Männer für ihr Leben gern. Nicht dass Sie ihm diese Aufgabe wegnehmen sollen (die meisten tun ohnehin schon viel zu wenig im Haushalt), aber falls Sie an der Weihnachtstafel ohne einen entsprechend ausgebildeten messerschwingenden Mann dastehen, werden Sie froh sein, dass wir Sie jetzt nicht hängen lassen.

Tranchieren: Grundregeln

Beim Tranchieren gelten ein paar Grundregeln, egal, welche Fleischart man aufschneidet:

- Unerlässlich ist ein anständiges Tranchiermesser, und scharf muss es sein.
- Das Fleisch sollte richtig durchgegart sein – zu rohes oder zu lange gegartes Fleisch ist viel schwerer zu schneiden.
- Das Fleisch vor dem Tranchieren 15 Minuten auf einem Tranchierbrett »ruhen« lassen, wenn es aus dem Ofen kommt. So kann sich der Fleischsaft verteilen.
- Eine vorgewärmte Servierplatte bereitstellen.
- Falls mit Resten zu rechnen ist, nicht das gesamte Fleisch aufschneiden. Geschnittenes Fleisch trocknet schneller aus als ein ganzes Stück.
- Das Fleisch möglichst wenig mit einer Gabel anstechen, weil dadurch der Fleischsaft ausläuft.

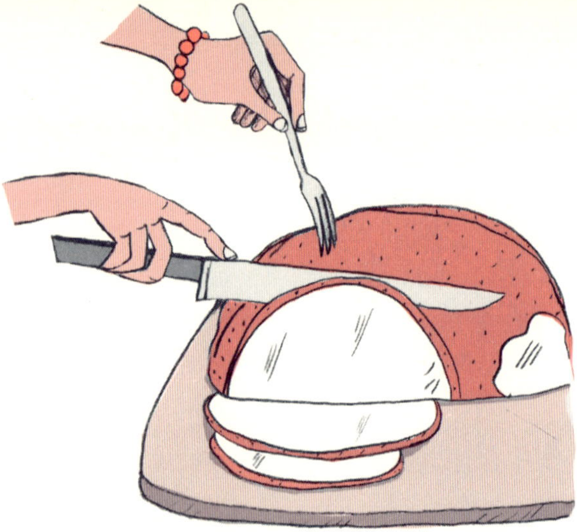

- Beim Tranchieren von Rind-, Lamm- und Schweinefleisch schneidet man quer zur Faser, um möglichst zarte Stücke zu erhalten.

- Man beginnt mit einer leichten Sägebewegung und schneidet dann die Scheibe in kontinuierlicher Bewegung ab.

Huhn und Truthahn

1. Man beginnt an der dem Tranchierer zugewandten Seite. Das Vogelbein zu sich hinziehen und mit dem Messer vom Rumpf abtrennen. Das Bein abnehmen und die dunkleren Fleischscheiben von Ober- und Unterkeule abschneiden.

2. Den Vogel mit einer großen Fleischgabel festhalten (möglichst nicht einstechen, nur abstützen!) und das Brustfleisch von oben nach unten zum Tranchierbrett hin in langen, gleichmäßigen Schnitten in knapp 1 cm dicke Scheiben schneiden. Dabei auf mittlerer Höhe beginnen.

3. Bei jeder neuen Scheibe setzt man etwas höher an der Brust an, bis man oben am Brustbein anlangt. Die Scheiben sofort auf die vorgewärmte Platte legen.

4. Nun die andere Seite des Vogels genauso tranchieren.

Rind, Schwein und Lamm

Den Braten so hinstellen, dass sich die längste Seite rechts vom Tranchierer befindet (bei Linkshändern links).

- Dünne Scheiben schneiden (aber nicht so dünn, dass es Späne statt Scheiben werden). Sehr zartes Fleisch schneidet man in dickere Scheiben, damit sie nicht zerfallen.
- Roastbeef schneidet man, falls mit Resten zu rechnen ist, vom dünneren Ende her auf. Ansonsten kann man auch in Längsrichtung tranchieren, das ergibt größere Scheiben. Die Scheiben sollten allerhöchstens einen knappen Zentimeter dick sein.
- Schinken tranchiert man wie Roastbeef (vom dünnen Ende her) und schneidet fast bis auf den Knochen. Die Scheiben sollten sehr dünn sein.

Wer sein Fleisch bei einem guten Fleischer kauft, kann sich dort das korrekte Tranchieren zeigen lassen. Fleisch zu tranchieren ist schwerer, als man vielleicht glaubt, also denken Sie daran, die besten Stücke für sich zu reservieren; nach der harten Arbeit haben Sie diese Belohnung verdient.

Jargon

Schulterstück (Bug): Rindfleisch von Schulter und Hals: schmeckt gekocht am besten

Rippe: ein zartes, exzellentes Rindfleisch für Braten («Hochrippe«) oder Steaks

Lendenstück: das leckerste Rindfleisch, aus dem die Filetstücke geschnitten werden

Rumpsteak: Fleischstück vom Hinterteil (Hüfte) des Rindes, besonders gut für Schmorbraten

Ich kann … Lampen anschließen!

Wenn Sie Wochen nach einem Umzug immer noch im Dunkeln sitzen oder ständig über die Kabel Ihrer überall eingestöpselten Notbeleuchtung aus Steh- und Tischlampen stolpern, weil ein halbes Dutzend Freunde oder Kollegen Ihnen versprochen haben, Ihre Lampen anzuschließen, aber bislang noch keiner mit der Bohrmaschine angerückt ist – dann wird es Zeit, selbst zu Kabeln und Spannungsprüfer zu greifen.

Sie werden sehen, Lampen anschließen ist geradezu beleidigend einfach. Wahrscheinlich ist das der Grund, warum die Typen mit diesem Herrschaftswissen so einen Aufstand machen, Sie aber im Dunkeln lassen. Aber damit ist jetzt Schluss!

Ausrüstung

- Kaufen oder leihen Sie sich eine stabile, zu Ihrer Körpergröße und zur Deckenhöhe passende Leiter. Kein Mensch kann mit den Fingern hoch über dem Kopf diffizile Feinarbeiten durchführen, wenn er dabei auf Zehenspitzen auf einem Stuhl steht, der auf einem Tisch steht. Von der Gefährlichkeit solcher Operationen ganz zu schweigen.
- Kaufen Sie sich einen Spannungsprüfer (auch Phasenprüfer genannt). Das ist ein kleiner Schraubendreher, mit dem Sie, wie der Name schon sagt, prüfen können, ob eine Leitung Strom führt.

Sechs Schritte zum Licht

Ein Wort vorab: In den folgenden Absätzen werden einige Dinge beschrieben, die bei elektrischen

Anschlüssen zu beachten sind. Dabei gehen wir von einem fachmännisch gelegten und verkabelten Stromanschluss aus. Sollten Sie bei den ersten Arbeitsschritten jedoch merken, dass nicht alles so aussieht wie hier beschrieben, wurde der Anschluss vermutlich nicht von einem Profi gelegt und entspricht möglicherweise nicht den geltenden Sicherheitsbestimmungen. Dann heißt es: Figer weg von den Kabeln und einen Elektriker rufen! Und zwar Punktum, Sie könnten sich sonst in Lebensgefahr bringen.

Wenn Sie ansonsten diese einfachen Arbeitsschritte befolgen, geht Ihnen bald ein Licht auf.

1. Legen Sie die richtige Position für Ihre Lampe fest. Über dem Tisch sollten Lampen gerade so hoch hängen, dass man im Sitzen sein Gegenüber, nicht den Lampenschirm betrachtet, aber nicht zu hoch: Das gibt ungemütliches Licht. Frei im Raum hängende Lampen sollten mindestens so hoch hängen, dass auch große Menschen ohne anzustoßen darunter durchgehen können. Kürzen Sie das Kabel, mit dem die Lampe versehen ist, mit einer Zange auf die richtige Länge – das Stück zwischen Lampenhaken und Anschluss sollte etwas durchhängen, damit das Anschließen leichter geht.

2. Kontrollieren Sie, ob der Deckenanschluss Strom führt. Ein ordnungsgemäß verlegter Stromanschluss besteht aus drei Kupferkabeln, die mit Kunststoff in unterschiedlichen Farben ummantelt sind. Eines der Kabel ist blau, eines schwarz und eines gelb-grün gestreift. (Bei sehr alten Leitungen kann das in der Regel blaue Kabel auch rot sein; das normalerweise schwarze kann auch dunkelbraun sein.) Bei ordnungsgemäßer Verdrahtung steht ausschließlich das schwarze Kabel unter Spannung. Man nennt das Spannung fuhrende Kabel auch die »Phase«.

Halten Sie den Spannungsprüfer nacheinander an jedes der drei Kabel. Berühren Sie den Knopf am Ende des Prüfers mit dem Daumen. Wenn das Lämpchen im Inneren des Geräts aufleuchtet, steht die Leitung unter Spannung. Wenn der Prüfer beim blauen oder gelb-grünen Kabel anspricht, ist der Anschluss falsch verdrahtet. Wenn er bei keinem der drei Kabel aufleuchtet, gehen Sie zum Lichtschalter, betätigen ihn einmal und testen erneut. Es kann sein, dass das Licht einfach ausgeschaltet war und der Anschluss deshalb keinen Strom hatte.

Das blaue Kabel ist der sogenannte »Null-Draht«. Das gelb-grüne Kabel, die »Schutzerde«, verbindet das Lampengehäuse mit dem Erdreich und dient dem Abfließen von Fehlströmen. Bei billigen Kunststofflampen fehlt dieses Kabel manchmal, weil deren Gehäuse ohnehin keinen Strom leiten sollten. Die Schutzerde sollte immer ein Stück länger sein als die beiden anderen Drähte, damit sie bei einer Beschädigung der Leitung zuletzt reißt.

3. Gehen Sie zum Sicherungskasten (der befindet sich in der Regel im Keller), und legen Sie die Sicherungsschalter für die betreffenden Räume in Ihrer Wohnung um, sodass die gesamte Stromversorgung ausgeschaltet ist. Wichtig: Achten Sie zusätzlich darauf, dass in dem Zimmer, in dem Sie die Lampe anbringen, der Lichtschalter auf »Aus« steht. Es könnte ja passieren, dass jemand die Sicherung wieder auf Spannung schaltet, während Sie arbeiten.

4. Entfernen Sie am Lampenkabel und am Deckenanschlusskabel die letzten 3 cm der äußeren Kabelummantelung. Das geht am leichtesten mit einer Elektrozange (Abisolierzange), notfalls auch mit einem gefühlvoll gehandhabten scharfen Messer. Nun entfernen Sie jeweils 8 bis 10 mm der schwarzen, blauen und gelb-grünen Kabelummantelungen an den drei innenliegenden Kupferkabeln, möglichst ohne dabei die feinen Kupferdrähte zu beschädigen.

5. Bringen Sie den Lampenhaken an. In hölzerne Deckenbalken kann man ihn einfach einschrauben, ansonsten braucht man Dübel. Bei Beton- oder anderen stabilen Decken und leichten Lampen reichen normale Dübel, bei Decken aus Rigips- oder Spanplatten benötigt man spezielle Kipp-, Spreiz- oder Hohlraumdübel. Lassen Sie sich im guten Eisenwarenladen oder im Baumarkt beraten. (Zum Bohren siehe Kapitel »Regale anbringen«, S. 102.) Fädeln Sie die Zugentlastung und den Lampenbaldachin auf das Lampenkabel, und schieben Sie die Zugentlasung in die richtige Position.

Für Wandlampen die erforderlichen Dübellöcher bohren und Dübel einsetzen.

6. Die Lampe an den Lampenhaken hängen. Die meisten Decken- oder Wandanschlüsse sind bereits mit einer Lüsterklemme versehen. (Das sind kleine Kunststoff-Bausteine, die ein bißchen an Lego-Steine erinnern. In ihnen werden die Kupferdrähte des Decken- oder Wandanschlusses mit denen der Lampe zusammengeführt.) Sie brauchen eine Dreier-Lüsterklemme. Lockern Sie die Schräubchen. Führen Sie jeweils den Null-Leiter, die Phase und die Schutzerde des Decken- und des Lampenanschlusses einander gegenüber ca. 8 mm in die seitlichen Löcher ein, und drehen Sie die Schräubchen wieder fest. Sicherung wieder auf Spannung schalten, Licht einschalten, ausprobieren, ob die Glühbirne aufleuchtet, Lampenbaldachin hochschieben, bis er glatt an der Decke sitzt und stolz sein, wenn Sie den Raum jetzt mit Licht fluten. Bei Wandlampen ist es hilfreich, wenn jemand die Lampe festhält, bis Sie sie angeschlossen haben und festschrauben können.

Und was war daran jetzt so schlimm, dass Sie wochenlang händeringend (und vergeblich) auf den freundlichen, bastelbegeisterten Kollegen gewartet haben?

Ich kann … schwere Sachen heben!

Wie andere Lasttiere auch sind Männer von Natur aus stärker als Frauen, und einzig aus diesem Grund sollte man ihnen in der Regel das schwere Heben überlassen. Manchmal muss eine Frau ihre IKEA-Kommode jedoch ganz allein vier Etagen hochtragen. Und es gibt tatsächlich Methoden dafür, die einen nicht mit einem Bandscheibenschaden in die Notaufnahme bringen.

Regeln zum Heben

Wer diese Regeln befolgt, vermeidet ernsthafte Verletzungen:

- Zum Heben schwerer Gegenstände die Bein- und Gesäßmuskeln, nicht die Rückenmuskeln einsetzen.
- Immer die Knie beugen und den Rücken gerade halten. Beim Bücken wird der verlängerte Rücken unnötig belastet.
- Stellen Sie sich nah an das zu hebende Teil, höchstens 20 cm entfernt. Je weiter entfernt Sie sind, desto weniger können Sie Ihre Beinmuskeln einsetzen.
- Gegenstände nicht über Brusthöhe heben.
- Beim Heben oder Tragen schwerer Gegenstände Drehungen vermeiden.
- Ermüdete Muskeln sind verletzungsanfälliger. Deshalb beim Tragen häufig Pausen machen. Extrem schwere Teile nicht ohne Hilfe oder Hilfsmittel heben.

Was man tun, was man lassen sollte

- **Immer** die Füße schulterbreit oder noch weiter auseinanderstellen.
- **Niemals** schlecht ausbalancierte Lasten tragen, etwa eine Kiste, die an einer Seite schwerer ist als an der anderen.
- **Niemals** sofort vom Sitzen zum Gewichtheben übergehen; zunächst ein paar Dehnübungen machen, um die Rücken- und Beinmuskeln aufzuwärmen.
- **Immer** beide Hände gebrauchen und das Gewicht gleichmäßig verteilen.
- **Niemals** versuchen, Teile zu heben, die zu schwer für Sie sind.
- **Immer** aufgeben und einen stärkeren Freund oder Nachbarn rufen, wenn man Hilfe braucht. Verletzter Stolz heilt schneller als gebrochene Knochen.

Nehmen Sie's leicht

Niemand zwingt Sie, schwere Ikea-Pakete die Treppen hochzuwuchten: Unten auspacken und die Einzelteile in verträglichen Portionen und Etappen nach oben tragen. Verpackungen, die man für Reklamation oder Umtausch benötigt, im Keller zwischenlagern.

Mogelpackung

Mit der richtigen Ausrüstung fällt schweres Heben ein bisschen leichter. Mit einem Rollwagen oder einer Sackkarre lassen sich schwere Gegenstände einfacher transportieren. Es gibt zusammenklappbare Sackkarren, die in den Kofferraum passen, und sogar spezielle Rollwagen zum Transport von Billardtischen oder Klavieren.

Ich kann … Sofas durch die Tür bugsieren!

Der Versuch, ein Sofa, eine große Kommode oder, Himmel hilf, gar ein Klavier durch eine schmale Tür zu bugsieren, endet oft ebenso komisch wie frustrierend. Man überlässt das meistens lieber den Fachleuten. Wenn aber Ihre Umzugsmannschaft aus Freunden und Verwandten besteht, sparen Sie viel Zeit und Mühe, wenn Sie sich vorher überlegen, wie das Sofa durch die Tür passt.

Sofa-Taktiken

Wenn Sie eine ganze Wagenladung Möbel transportieren, gehen Sie die großen, schweren Teile als erste an, solange das Umzugsteam noch fit und munter ist.

1. Das Sofa und die Tür ausmessen. Keine Panik, falls das Sofa etwas länger als die Tür hoch ist (es kann sogar beträchtlich länger sein, wenn der Raum einen geraden Eingang hat), oder falls es um enge Ecken geht. Panik ist dagegen angesagt, wenn das Sofa an seiner schmalsten Stelle breiter ist als die Tür. Unterscheiden sich die Abmessungen sehr, brauchen Sie entweder ein neues Sofa oder eine andere Wohnung.

2. Gegebenenfalls die Tür aushängen, um ein paar Zentimeter zu gewinnen.

3. Den Türrahmen mit Pappe umkleiden, um ihn und das Sofa vor Dellen, Kratzern und Rissen zu schützen.

4. Alle Polster abnehmen und, wenn möglich, die Sofabeine abmontieren.

5. Das Sofa senkrecht neben die Tür stellen.

6. Eine Helferin steht innerhalb der Tür und hält das höhere Ende, die andere steht außerhalb und hebt das tiefere Ende an. Die stärkere sollte draußen am unteren Ende stehen, weil sie mehr Hebearbeit zu leisten hat.

7. Diejenige, die innerhalb der Tür steht, senkt nun das Sofa langsam und vorsichtig zu sich hin, bis es etwa in einem Winkel von 45 Grad zum Fußboden steht.

8. Nun das Sofa durch die Tür bugsieren. Das höhere Ende sollte so hoch wie möglich, das tiefere Ende so tief wie möglich gehalten werden und das Sofa immer noch im 45-Grad-Winkel zum Fußboden bleiben.

9. Die Helferinnen mit großen Mengen Bier und Pizza belohnen.

Stellt sich trotz all dieser Anweisungen immer noch kein Erfolg ein, haben Sie ein Problem. In Extremfällen kann man Sofas durchs Fenster heben oder sogar auseinandersägen und später wieder zusammensetzen. Meistens schafft man es mit etwas Schieben und Zerren und unter vielem Fluchen letzten Endes doch. Aber Sie sollten Ihre neue Wohnung wirklich lieben – nach der ganzen Mühe wollen Sie vielleicht nie wieder umziehen.

EXTRAPUNKTE

So transportiert man ein Klavier: Zunächst den Deckel schließen und abschließen. An jedem Ende sollte mindestens ein Helfer stehen. Das Klavier langsam und zentimeterweise auf einen sehr stabilen vierrädrigen Rollwagen heben. Das Klavier langsam rollen, damit es nicht umkippt. Der eigentliche Trick besteht aber darin, reichlich Helfer zur Verfügung zu haben; das erleichtert diese schwierige Aufgabe ungemein. Und jeder, der während des Transports Loriot zitiert, zahlt 5 € in die Pizzakasse.

Ich kann ... den Rasen mähen!

Rasenpflege ist heutzutage Profisache (sprich: teuer). Sie können aber einiges Geld sparen, wenn Sie lernen, selbst den Rasen zu mähen. Ein perfekt manikürter Rasen ist eine Augenweide, macht allerdings viel Arbeit. Sobald Ihr Rasen eher einem verwilderten Dschungel als einem schönen, weichen, grünen Teppich ähnelt, ist Mähzeit!

Was man braucht

Wer nicht gerade auf einem Bauernhof oder einem großen Landgut lebt (in letzterem Fall bezahlt man wahrscheinlich einfach Leute dafür), braucht nicht mehr als einen ganz normalen Rasenmäher. Ein elektrischer Rasenmäher erspart das Schleppen von Benzinkanistern. Außerdem sollten Sie sich einen Kantenschneider leisten, damit die Ränder um Blumenbeete, Baumstämme und andere schwer zu erreichende Stellen ordentlich und sauber aussehen.

Wann man mäht

Verschiedene Grasarten haben unterschiedliche optimale Längen. Das Gras sollte die ideale Länge um höchstens ein Drittel überschreiten. Hat es zum Beispiel die Ideallänge von 6 cm, müssen Sie bei 8 cm den Rasenmäher anwerfen.

Mähen Sie nicht, wenn der Rasen nass ist (wahrscheinlich ist das der Grund, warum für uns das Brummen der Rasenmäher untrennbar mit den ersten warmen Frühlingstagen verbunden ist). Mähen sollten Sie auch nicht, wenn die Halme geschwächt sind, etwa in langen Trockenheitsperioden.

Tragen Sie beim Mähen feste, geschlossene Schuhe. Von den Rasenmäherblättern herumgeschleuderte Steinchen können zu sehr unangenehmen Verletzungen führen.

Wie man mäht

Hier die Tipps für einen makellos manikürten Rasen:

- Vor dem Mähen Steine und anderen Abfall vom Rasen räumen.
- Den Rasenmäher immer vorwärts schieben – rückwärts nur, wenn man an engen Stellen manövrieren muss.
- Abhänge von einer Seite zur anderen, nicht von oben nach unten mähen.
- Beim Mähen immer in der gleichen Richtung bleiben. Beim nächsten Mal jedoch die Richtung um 90 Grad verändern, um das Gras nicht zu schwächen.
- Einen laufenden Rasenmäher nie unbeaufsichtigt stehen lassen; Kinder und Haustiere fernhalten.
- An engen oder unregelmäßigen Stellen, etwa an Baumstämmen oder in engen Ecken, mit dem Kantenschneider arbeiten.
- Grasschnitt als Dünger auf dem Rasen liegen lassen. Diesen Vorgang nennt man auch »Grascycling«, denn aller Grünschnitt bleibt im eigenen Garten, anstatt auf der Müllkippe oder in der Biotonne zu landen, und das ist für die Umwelt (und den Geldbeutel) ebenso gut wie für das heimische Biotop. Wenn man den Rasen regelmäßig mäht, ist der Grasschnitt so kurz, dass er gar nicht auffällt.

Wenn Sie mit dem Mähen fertig sind, genießen Sie den Duft und den gepflegten Anblick des frisch gemähten Rasens bei einem gut gekühlten Glas Wein (es sei denn, Sie haben Heuschnupfen).

Gut zu wissen:

Im frühen 19. Jahrhundert entstanden Sportarten, die auf ebenen, grasbewachsenen Plätzen gespielt wurden (etwa Fußball, Kricket und Krocket), und die Nachfrage nach einfachen Methoden der Rasenpflege stieg. Der Rasenmäher wurde 1830 in England von Edwin Beard Budding erfunden, um diesen neuen Bedarf zu befriedigen.

Ich kann ... Spinnen und Insekten töten!

Der Anblick einer großen, schwarzen, haarigen Spinne, die auf ihre Füße zuläuft, während Sie nackt in der Dusche stehen, genügt, um die meisten Frauen in Angst und Schrecken zu versetzen. Aus irgendeinem Grund ist das Umbringen von Ungeziefer Männersache geblieben – kein Mann, der auf sich hält, könnte jemals zugeben, dass er Angst vor so einem kleinen Krabbeltier hat. Ruft die Insektenkillerpflicht, hat er keine andere Wahl, als zuzuschlagen.

Nicht dass Männer besser darin wären, einen Schuh oder eine zusammengerollte Zeitung zu schwingen, oder dass sie beim Mückentöten besser zielten als wir. Dass sie die fähigeren Insektenkiller sind, liegt einfach daran, dass man ihnen nicht beigebracht hat, sich davor zu fürchten. Sie waren es, die uns mit Regenwürmern über den Schulhof jagten, und nicht umgekehrt. Besiegen Sie Ihre Angst, dann kann auch aus Ihnen ein kühner Insektentöter werden.

Entomophobie ade!

Unsere Ängste haben einen Grund. Durch Angst signalisiert unser Gehirn, dass wir in Gefahr sind. Empfinden wir Angst, wenn wir eine Giftschlange sehen, kann das unser Leben retten. Eine Phobie entsteht hingegen, wenn wir in gewissen Situationen unbegründete Angst empfinden. Mit anderen Worten, wir beginnen uns vor allen, nicht nur den gefährlichen Schlangen zu fürchten.

Wenn Sie anfangen zu zittern und zu schwitzen und Ihnen schlecht wird, sobald Sie nur die allerkleinste Spinne sehen, haben Sie unter Umständen eine ziemlich ernsthafte Phobie, und wir können kaum etwas für Sie tun. Die meisten von uns fürchten Insekten aber lediglich, weil sie eklig und hässlich sind, sich schnell bewegen und über uns krabbeln könnten. Und so geht man mit diesen Krabbeltierchen um:

- Das Gegenteil von Angst ist Entspannung. Atmen Sie tief durch, und kehren Sie innerlich auf den Boden der Realität zurück, bevor Sie sich dem hässlichen Viech stellen.

- Bleiben Sie realistisch. Das typische Insekt, dem Sie in Ihrer Wohnung begegnen, ist höchstens drei Zentimeter lang. Außerdem hat es keinen riesigen Schuh, um Sie zu erschlagen, und auch keine Dose mit Insektengift. In dieser Schlacht sitzen Sie am längeren Hebel.

- Wichtig ist die Wahl der Waffen. Ein leicht zu manövrierender Gegenstand mit einem gewissen Gewicht, etwa eine zusammengerollte Zeitung, ist ideal.

- Versuchen Sie das Insekt zu erledigen, ohne ihm allzu nah zu kommen. Mit dem Staubsaugerrohr lassen sich Insekten, Spinnen, Spinnennetze und Insekteneier wunderbar aufsaugen, und Sie können in sicherem Abstand bleiben. Um Ängsten entgegenzuwirken, sollte man den Staubsaugerbeutel danach sofort in die Mülltonne bringen.

Sanfte Entsorgung

Für jedes Insekt gibt es die richtige Methode. Und wenn Sie sich Sorgen um Ihr Karma oder die umweltschädlichen Auswirkungen von Insektenspray machen, probieren Sie folgende Alternativen aus:

- Fleisch fressende Pflanzen vernichten lästige Stubenfliegen – manche Arten verzehren bis zu 1000 Stück pro Jahr!

- Wer die kleinen Tierchen nicht umbringen will, kann Lebendfallen für Spinnen kaufen und sie dann im Grünen aussetzen.

- Kakerlaken wird man am besten los, wenn man ihnen die Nahrungszufuhr drosselt. Verschließt man alle Behältnisse mit Lebensmitteln gut, lässt nie Krümel auf der Anrichte oder schmutziges Geschirr in der Spüle stehen, werden sie sich bald nach besseren Weidegründen umsehen.

- Katzen fangen nicht nur gern Mäuse, sondern auch Spinnen und Insekten.

- Der Glastrick: Ein Glas über das Insekt stülpen, ein Stück steife Pappe (z.B. Postkarte oder Bierdeckel) darunterschieben und das lebend gefangene Tier aus dem Fenster oder in den Garten entlassen.

- Manche Leute behaupten, Spinnen im Haus brächten Glück und verhießen Reichtum. Außerdem sind sie nützlich, denn sie fangen Insekten – im Gegensatz zu Kakerlaken, die einfach nur widerlich sind und eines gewaltsamen Todes sterben sollten.

Gut zu wissen:

Das Sprichwort »Spinne am Morgen, viel Müh' und Sorgen; Spinne am Abend, erquickend und labend« entspringt einem sprachlichen Missverständnis: Gemeint war ursprünglich die Tätigkeit des (Garn-)Spinnens. Die Redensart ist auch so überliefert: »Spinnen am Morgen, viel Müh' und Sorgen; Spinnen am Mittag bringt Glück am dritten Tag, Spinnen am Abend, erquickend und labend.« Der Hintergrund: Wer in vergangenen Jahrhunderten schon morgens am Spinnrad saß, musste damit sein täglich Brot mühsam verdienen; am Mittag des dritten Tages vor der Hochzeit sollen junge Frauen mit dem Spinnen für ihre Aussteuer begonnen haben; wer schließlich abends in geselliger Runde am Spinnrad saß, tat dies zur Entspannung.

Quiz

Haben Sie alles im Griff oder zwei linke Hände?

1. Wie erkenne ich, ob an der Bohrstelle eine Stromleitung verläuft?

   a. Mit einem Leitungsprüfgerät
   b. Ich frage den Architekten
   c. Das merke ich dann beim Bohren

2. Der Rasen muss gemäht werden, wenn

   a. das Gras ein Drittel über die Ideallänge gewachsen ist
   b. die Katze seit drei Tagen im hohen Gras vermisst wird
   c. man den verrosteten, aufgebockten Wagen zum Schrottplatz bringt und darunter tatsächlich Rasen entdeckt

3. Zum richtigen Tranchieren von Fleisch benötigen Sie

   a. ein frisch geschärftes Messer
   b. ein frisch geschärftes elektrisches Tranchiermesser
   c. ein stumpfes Schweizer Armeemesser

4. Um den Abfluss frei zu machen, brauchen Sie

   a. eine Saugglocke
   b. einen Installateur
   c. eine ganze Flasche Abflussreiniger

5. Damit die Wandfarbe beim Nageleinschlagen nicht splittert

   a. schlägt man den Nagel durch Kreppklebeband ein
   b. schlägt man den Nagel ganz vorsichtig ein
   c. bricht man sich den Nagel ab, wenn man behämmert ist

Ergebnis

Überwiegend A: Do-It-Yourself-Diva!

Wir gratulieren – Sie haben sich den goldenen Hammer verdient und sind nun zum Gebrauch von Kreissägen und Akkuschraubern qualifiziert. Aber lassen Sie es langsam angehen, bevor Sie sich entschließen, die Küche komplett umzubauen.

Überwiegend B: Heimwerker-Heimchen

Sie haben ein paar Tricks gelernt, entscheiden sich aber immer für den einfachsten Weg, statt sich die Hände schmutzig zu machen. Sie dürfen Ihr Spielzeug behalten, aber probieren Sie doch wenigstens ab und zu mal etwas selbst, bevor Sie die Profis rufen.

Überwiegend C: Wanderndes Katastrophengebiet

Sie sind ein Do-It-Yourself-Desaster. Nie haben Sie das richtige Werkzeug, und Ihre kurzen Heimwerkeranfälle gehen fast immer übel aus. Geben Sie nicht uns die Schuld, wenn Ihr Haus über Ihnen zusammenbricht.

Party!

Wer sieht, wie Männer sich entspannen, rauchen, coole Sprüche klopfen und Bier trinken, begreift, dass Männer sich besonders gut aufs Amüsieren verstehen. Es ist doch so: Eine Frau, die gerne ihren Spaß hat, Cocktails trinkt und die Nächte durchmacht, ist ein »Party-Luder«. Ein Mann, der das macht, ist ein echter Kerl.

Wer sich amüsieren und mal so richtig auf die Pauke hauen will, sollte vor allem eines beherzigen: einfach vergessen, was andere über einen denken könnten, aber nicht den Verstand abschalten. Manche Frauen verderben sich selbst jeden Spaß, weil sie sich in den ersten zwei Stunden einer Party sinnlos betrinken (alles eine Frage der Dosis!) oder um keinen Preis die Schutzzone ihrer Mädelsclique verlassen wollen. Nehmen Sie sich ein Beispiel an den Jungs – nur wer wagt, gewinnt. Ihre wahren Freunde werden Sie auch noch am Morgen danach lieben, egal wie groß Ihr Kater ist.

Lernen Sie, sich wie die Jungs zu amüsieren. Eignen Sie sich alle Tricks an, mit denen Männer als Partylöwen brillieren. Ob Sie den besten Whisky auswählen, Zigarre rauchen oder Dosen schießen – Sie werden das wilde Gefühl von Freiheit genießen, wenn Sie in eine Welt vordringen, in die sich nur wenige Frauen wagen.

Und nun rein ins Vergnügen!

Ich kann ... in fünf Minuten fertig sein!

Irgendwann passiert es jeder Frau, dass sie in kürzester Zeit aus dem Bett springen und überstürzt das Haus verlassen muss. So beginnt in der Regel ein Tag, den man am liebsten wieder zurückgeben möchte. Für die meisten Männer ist das hingegen kein Ausnahmefall, sondern die Regel. Wie schaffen die es, in kaum fünf Minuten fertig zu sein? Nun, erstens schminken sich die meisten Männer nicht, das spart viel Zeit (von Geld und Selbstzweifeln ganz zu schweigen). Zweitens (und damit hängt zusammen, dass sie sich nicht schminken) konzentrieren sie sich darauf, ihren Kram zu erledigen, statt auf ihre Außenwirkung bedacht zu sein. Auch Sie können lernen, blitzschnell fertig zu werden – und trotzdem toll auszusehen –, wenn Sie ein paar simple Tricks beherrschen.

Kon-zen-tra-tion!

Für viele Frauen ist das Zurechtmachen am Morgen einer der wenigen Momente am Tag, den sie ganz für sich haben. Deshalb widmen sie sich der eigentlichen Aufgabe nicht mit voller Konzentration. Zwar folgt vieles in einem bestimmten, gewohnten Ablauf, das heißt aber nicht unbedingt, dass wir uns in der effizientesten Reihenfolge anziehen und präsentabel machen. Wenn es also blitzschnell gehen soll, müssen Sie von Ihrer üblichen Routine abweichen und Prioritäten setzen. Auf welche drei Dinge können Sie vor Verlassen des Hauses keinesfalls verzichten? Angenommen, das wären Zähneputzen, Kämmen und das Deodorant. Müssen Sie unbedingt duschen? Wenn nicht, haben Sie gerade Zeit gewonnen!

Prioritäten

Wenn Sie entschieden haben, welche Punkte Sie keinesfalls auslassen können, stellen Sie einen Plan auf. Falls Sie Vorlaufzeit haben, überlegen Sie sich am Abend vorher, was Sie anziehen wollen, und legen sich alles zurecht. Erfordert die Lage spontane Entschlüsse, konzentrieren Sie sich einfach darauf, was Sie schaffen müssen, und gehen Sie Schritt für Schritt vor.

Zeitfresser und Lösungen

Duschen. Wie viele Männer bereits wissen, vernichtet das Duschen viel zu viel kostbare Zeit, wenn man in Eile ist. Lernen Sie lieber die IZA-Technik (Intimzone und Achselhöhlen). Mit Seife, warmem Wasser und Waschlappen duften Sie in sechzig Sekunden aprilfrisch. Beim Camping oder unterwegs tun es auch Erfrischungstücher.

Kompliziertes Make-up. Trotz des Fünf-Minuten-Limits braucht niemand völlig auf Kosmetik zu verzichten. Wer es morgens häufig eilig hat, verschafft sich mit Profi-Make-up einen Vorsprung. Statt Wimperntusche zu verwenden, kann man die Wimpern beim Friseur färben lassen. Das dauert ungefähr 15 Minuten, und die Farbe hält über einen Monat.

Frisur. Wenn Eile geboten ist, kommen Föhn oder Lockenwickler nicht in Frage. Vergeuden Sie keine Zeit auf Ihre übliche Frisur, sondern ziehen Sie einen Seitenscheitel und binden Sie die Haare zu einem schlichten Zopf, aber nicht auf Ihrer »Schlafseite«. (Sonst sehen Sie aus wie gerade aus dem Bett gefallen.) Bei Kurzhaarfrisuren sind Baseballkappen, Häkel- oder Baskenmützen ideal! Sie sind extrem in Mode, praktisch, sehen gut aus und eignen sich für drinnen wie draußen.

Bügeln. Wenn es schnell gehen soll, kommt Bügeln definitiv nicht in Frage. Auf Dienstreisen oder im Urlaub gehört pflegeleichte Kleidung in den Koffer. Bei knittrigen Katastrophen nicht zum Bügeleisen greifen – hängen Sie das Kleidungsstück in (nicht unter!) die laufende heiße Dusche; der Dampf glättet Knitterfalten.

Noch mehr Zeitspartipps! · · · · ·

Nicht in den Spiegel schauen. Für Frauen besteht der effizienteste Trick beim Schnellstart darin, erst im letzten Moment in den Spiegel zu sehen. Spiegel halten uns auf, weil wir überlegen, welchen Eindruck wir auf andere machen könnten. Benutzen Sie den Spiegel nur zur Endkontrolle, und zwar ausschließlich, um zu überprüfen, ob Sie hässliche Flecken auf der Kleidung oder Spinat zwischen den Zähnen haben. Alles andere, was Ihnen vielleicht nicht gefällt, werden andere nicht wahrnehmen! Garantiert!

Die Nottasche. Stecken Sie immer eine kleine »Survival«-Tasche in die Handtasche, in der sich Lebensretter wie Tampons, Pfefferminzdragées, Erfrischungstücher und ein neutraler Lippenstift oder Gloss befinden. Vergessliche sollten auch noch Lebensretter wie einen Ersatzschlüssel oder Geld dazupacken. So müssen Sie nie wieder zurückrennen, um irgendeinen unentbehrlichen Gegenstand zu holen, der Ihnen gerade noch beim Verlassen der Wohnung einfiel.

Unterwegs schminken. Beim Autofahren geht Sicherheit vor; dennoch ist es möglich, sich selbst hinterm Steuer kunstgerecht und sicher zu schminken. Schminken Sie nur die Augen zu Hause. Zwar lässt sich auch das im Auto erledigen; das Auftragen von Wimperntusche und Eyeliner erfordert aber gutes Timing, Feinmotorik und natürlich Ihren Blick – und der gehört auf die Straße! Foundation, Rouge und Lippenstift dagegen lassen sich leicht an Ampeln oder im Stau auftragen. Aber halten Sie Make-up-Entferner griffbereit, falls etwas danebengeht.

Ich kann ... Schuhe putzen!

Nichts ruiniert ein tolles Kostüm oder ein spektakuläres Outfit entschiedener als schmutzige Schuhe mit verkratztem Leder. Für Männer ist Schuheputzen, was für Frauen die Pediküre ist. Häufig werden Sie außerhalb Deutschlands Männer sehen, die sich ganz entspannt auf der Straße oder am Flughafen die Schuhe putzen lassen. Frauen, die sich ihre Pumps putzen und polieren lassen, sieht man hingegen fast nie. Den genauen Grund für diesen Geschlechtsunterschied kennen auch wir nicht, wissen aber definitiv, dass perfekt gepflegte Schuhe immer einen guten Eindruck machen. Wenn auch Sie (wie die meisten Frauen) zu denen gehören, die ihre Schuhe lieber in Ruhe zu Hause putzen, sollten Sie Folgendes beherzigen, um fortan professionell zu glänzen.

Wienern wie die Profis!

Wenn Ihnen sehr viel an der Schuhpflege gelegen ist, sollten Sie sich vielleicht ein traditionelles Schuhputzset leisten. Solch ein Set kann je nach Ausstattung und Qualität etwa zwischen 20 und 100 € kosten. Entscheiden Sie sich für die Luxusvariante, sollte diese folgende Grundausstattung enthalten:

- Schuh- und Polierbürste
- Wildledertuch
- Schuhcreme in der Farbe Ihrer Schuhe
- Schuhanzieher
- Allzweck-Lederreiniger und Imprägniermittel
- Aufbewahrungsbox mit Fußstütze

Hätten Sie gern ein hochklassiges Schuhputzset, können sich die Luxusversion aber nicht leisten, stellen Sie sich selbst eins mit folgenden Grundelementen zusammen:

- Polierbürste und alte Zahnbürste
- schwarze und braune Schuhcreme
- altes, weiches T-Shirt oder Baumwollsocken
- Plastikbox mit Deckel

Putzstunde

Und so zieht Glanz an Ihren Füßen auf:

1. Zunächst den Boden mit Zeitungspapier auslegen, damit man Wohnung oder Arbeitsplatz nicht mit Schuhcreme verschmiert. Eine dicke Lage Papier zur Seite legen; darauf stellt man die Schuhe nach dem Putzen zum Trocknen.

2. Staub und Schmutz sorgfältig mit einer Bürste von den Schuhen entfernen. Mit einem weichen Baumwoll- oder Wildledertuch nachwischen, um auch die letzten Reste zu entfernen. Alle Ecken, in denen sich Schmutz sammelt, besonders sorgfältig behandeln.

3. Schuhe auf die Fußstütze oder die Kiste stellen. Die Schuhbürste mit kreisenden Bewegungen in die Schuhcreme tupfen. Die Schuhcreme dünn und gleichmäßig auf den Schuhen verteilen. Enge und schwer erreichbare Stellen mit Wattestäbchen und Zahnbürste behandeln. Schuhe auf eine saubere Zeitung stellen und die Schuhcreme 15 bis 20 Minuten einziehen lassen.

4. Fühlen sich die Schuhe völlig trocken an, mit der Polierbürste die überschüssige Schuhcreme wegbürsten. Keine Sorge – die Creme zieht in das poröse Leder ein, man ruiniert also nicht seine Arbeit.

5. Zum Schluss die Schuhe mit Glanzbürste oder Wolltuch polieren.

Für wirklich gut geputzte Schuhe gibt es keinen Schnelldurchgang.

Jeder Arbeitsschritt ist wichtig. Also nur die Ruhe, erfüllen Sie sich Ihren Wunsch nach schönen Schuhen, und verleihen Sie sich selbst damit den Glanz, den Sie verdienen!

Mogelpackung

Soll es schnell gehen, reibt man hässliche Kratzspuren mit Pflanzenöl und einem weichen Tuch weg. Auf Reisen kann man sich mit Handcreme und einem Wattebausch oder notfalls mit Toilettenpapier behelfen. Kratzer an Schuhen mit ungewöhnlicher Farbe lassen sich mit Filzstift im passenden Farbton kaschieren.

Ich kann ... Krawatten binden!

Auch wenn Sie nicht Diane Keatons Look bei der Oscar-Verleihung nachahmen wollen, spricht vieles dafür, dass Frauen lernen sollten, Krawatten zu binden. Erstens macht es Spaß. Man fühlt sich gut, wenn ein Knoten perfekt gelingt. Außerdem ist es nützlich – man kann jederzeit Vater, Ehemann, Sohn oder Freund beispringen. Und schließlich ist es einfach cool. Korrekte Krawattenknoten kommen nie aus der Mode.

Zunächst einmal müssen Sie wissen, dass nicht alle Krawattenknoten gleich geschlungen werden. Vier Grundformen sollten Sie kennen: den Standardknoten (»four in hand«), den einfachen und doppelten Windsorknoten und den Pratt- oder Shelbyknoten. Für welchen Sie sich entscheiden, hängt allein davon ab, welchen Look der Träger bevorzugt.

Um die Sache zu vereinfachen, bezeichnen wir das breitere Ende der Krawatte als *F* wie fett und das dünnere als S wie schmal. Stellen Sie sich vor einen Spiegel, um die Krawatte zu binden.

Standardknoten

Dies ist der einfachste Krawattenknoten, geeignet für halbförmliche Anlässe (siehe Abbildung S. 137).

1. Krawatte um den Hals legen. *F* sollte ca. 30 cm länger als *S* herabhängen. F über S legen.

2. *F* unter *S* durchführen. Halten Sie die »Kreuzung« der beiden Krawattenenden mit den Spitzen des linken Daumens, Zeige- und Mittelfingers fest (Linkshänder/innen mit rechts). Um dieses Kreuz werden die weiteren Knoten geschlungen.

3. *F* wieder vorn quer über *S* schlingen.

4. *F* etwas falzen, nach oben führen und durch die Schlinge um den Hals fädeln.

5. Vorderseite des Knotens leicht mit Daumen und Zeigefinger einkniffen und *F* nach unten durch die vordere Schlinge fädeln.

6. Finger vorsichtig herausziehen und Knoten vorsichtig festziehen, dazu *S* festhalten bzw. vorsichtig nach unten ziehen und den Knoten hochziehen.

Doppelter Windsorknoten

Der richtige Knoten für förmliche Anlässe. Außerdem eignet er sich besonders gut für Menschen mit langem Hals, weil der breite Knoten ein optisches Gegengewicht bildet. Der doppelte Windsorknoten erfordert viel Übung und lässt sich besonders gut mit ungefütterten Krawatten aus feinem Material binden.

1. Krawatte um den Hals legen. *F* sollte mindestens 30 cm länger (und in unserem Fall an der rechten Körperseite) herabhängen als *S*. *F* mit der rechten Hand über *S* nach links führen; *S* mit der linken Hand festhalten (Linkshänder/innen evtl. umgekehrt).

2. *F* von links nach rechts unter *S* herumführen und über den Knoten durch die Schlinge zwischen Kragen und Krawatte zum Körper hin nach unten schlagen. Die Nahtseite von *F* liegt jetzt vom Körper abgewandt.

3. *F* von rechts nach links über den halben Knoten schlagen und mit der linken Hand an der Rückseite des Knotens von unten durch die Schlaufe am Hals nach oben führen. *F* vorne über den halbfertigen Knoten herunterhängen lassen.

4. Die Spitze von *F* vorsichtig vorne durch die äußere Lage des Knotens nach unten fädeln.

5. *F* nach unten ziehen.

6. Den Knoten vorsichtig ausrichten, indem man ihn behutsam festhält und *S* nach unten zieht.

Einfacher Windsorknoten · · · · ·

Der lässigere Bruder des doppelten Windsorknoten wirkt bei breiten Krawatten am besten.

1. Krawatte um den Hals legen. *F* sollte ca. 30 cm länger herabhängen als *S*. *F* über *S* kreuzen.

2. *F* hinter *S* durchschlingen.

3. *F* nach oben und durch die Schlinge ziehen, sodass das breite Ende leicht seitlich wieder hervorkommt.

4. *F* vorn von dieser zur anderen Seite über *S* kreuzen.

5. *F* wieder nach oben führen und vorn durch den Knoten ziehen.

6. Knoten mit beiden Händen vorsichtig festziehen und zum Kragen hochziehen.

Pratt- oder Shelbyknoten · · · · · ·

Der Prattknoten, etwas breiter und lockerer als der Windsorknoten, ist der modischste Krawattenknoten.

1. Krawatte mit der Unterseite nach außen um den Hals legen, *F* unter *S*, wobei *F* etwa 30 cm weiter herabhängt als *S*.

2. *F* nach oben zum Körper hin durch die Schlinge am Hals schlagen und wieder nach unten führen. *F* liegt jetzt unter *S*, beide mit der Nahtseite vom Körper abgewandt.

3. Die Schlinge festhalten und anziehen, indem man *S* nach unten zieht.

4. *F* vorn quer über den Knoten schlagen.

5. *F* hinter der Schlinge nach oben führen.

6. *F* vorn durch den Knoten ziehen und leicht anziehen. Die Spitze von *F* sollte gerade eben die Oberkante der Gürtelschnalle berühren.

Gut zu wissen:

Der Siegeszug der Krawatte begann, als Ludwig XIV. das Stoffband bewunderte, das kroatische Soldaten um den Hals trugen. Die Herkunft des Wortes Krawatte wird auf Croatta zurückgeführt, womit die Franzosen das kroatische Halstuch bezeichneten.

Ich kann ... mich drücken (ganz ohne schlechtes Gewissen)!

Männer verstehen sich besonders gut darauf, sich vor profanen Aufgaben zu drücken, die ihnen einen schönen Abend verderben könnten. Frauen besitzen diese mentale Escape-Taste leider nicht. Vergnügen gestatten wir uns erst, wenn die Wäsche fertig ist. Wenn also demnächst ein toller Abend lockt, befolgen Sie einfach unsere Vorschläge und überlassen die Arbeit jemand anderem.

Ausreden, Ausreden

Die traurige Wahrheit ist doch, dass man uns als Frauen dazu erzogen hat, uns für Unterhalt und Pflege unseres Umfeldes verantwortlich zu fühlen. Wo und mit wem wir auch leben, wenn es dort unordentlich ist, geben wir uns die Schuld daran. Männer haben solche Schuldgefühle nicht, weil sie sich gar nicht erst verantwortlich fühlen. Am besten wird frau ihr Verantwortungsgefühl los, wenn sie alles aufschiebt und mit ihrer Zeit sehr viel Besseres anfängt. Hausarbeit ist eine echte Spaßbremse, also verschiebt frau sie am besten auf Zeiten, in denen sie nicht ihre gesamten Energiereserven benötigt. Der Abwasch kann warten, die Rechnungen können warten, das Durcheinander im Badezimmerschrank kann warten. Ein unordentliches Haus ist kein Spiegel Ihres Charakters. Es zeigt vielmehr, dass Sie das Leben zu sehr genießen, um sich um Alltägliches zu kümmern.

Kostbare Zeit

Männer entziehen sich ihren Alltagspflichten auch dadurch, dass sie ihrer Zeit einen hohen Wert beimessen. Davon können wir lernen. Ob Sie nun im Haus oder außer Haus arbeiten, Ihre Zeit ist kostbar.

Denken Sie einmal über Ihren Stundenlohn nach und rechnen ihn auf bestimmte Aufgaben um. Muss frau wirklich für 30 € pro Stunde die Toiletten putzen? Wenn Sie uns fragen: Nein! Wenn Sie es sich leisten können, engagieren Sie Profis dafür; so sparen Sie viel Zeit, Geld und wichtige mentale Energie.

Da nun jemand anders Ihre Toilette putzt und Sie die Freiheit haben, alle unangenehmen Aufgaben liegen zu lassen, gehen Sie aus, und genießen Sie das Leben!

DAMENPROGRAMM

Wenn Ihre schlampige Mitbewohnerin das nächste Mal den Geschirrberg in der Spüle anwachsen lässt, greifen Sie zu einem alten Wohnheim-Trick. Deponieren Sie das schmutzige Geschirr auf ihrem Kopfkissen. Besser lässt sich gar nicht demonstrieren, wie eklig eine Woche altes ungespültes Geschirr ist.

Ich kann ... Dosen schießen!

Wir sind zwar nicht fürs Kampftrinken, bewundern aber die Kunst, ein Bier in weniger als 30 Sekunden zu vernichten – auch bekannt als »Dosen schießen«, »Dosen stechen«, »Shotgun« oder »Bier auf Loch trinken«. Alles, was man dazu braucht, sind eine Dose Bier, ein scharfer Gegenstand und natürlich eine gewisse Risikobereitschaft. Den Rest erledigt die Schwerkraft. Ach ja, und wir empfehlen, sich beim ersten Versuch ein Handtuch umzubinden, denn höchstwahrscheinlich werden Sie ziemlich nass.

Auf Ex in 30 Sekunden

1. Eine Bierdose auf einem stabilen Tisch auf die Seite legen. Mit einem scharfen Gegenstand, z. B. einem sauberen Schraubenzieher, einer Ahle, einem Kugelschreiber oder Schlüssel, etwa 2–3 cm über dem Dosenboden unterhalb der Öffnung ein Loch in die Dose stechen. Das Loch mit dem Daumen zuhalten, damit kein Bier herausspritzt.

2. Die Dose an den Mund führen und das Loch fest mit dem Mund verschließen. Mit der anderen Hand die Dose mit einem Ruck öffnen.

3. Den Kopf fast im 90-Grad-Winkel zurücklegen. Die Dose schräg halten, sodass sich der Inhalt direkt in die Kehle ergießt. Einfacher ist es, wenn man die Dose senkrecht hält.

4. Schwerkraft ab!

Rechnen Sie damit, dass das Bier wie ein Wasserfall in Ihre Kehle stürzt und die Dose leer ist, bevor Sie Luft holen können.

Alte Schule

Wenn Ihnen das mit der Bierdose zu pubertär ist, passt vielleicht der männliche Whiskey-Slam besser zu Ihnen. Drängeln Sie sich an die Bar. Bestellen Sie beim Barkeeper einen Jameson pur. Wenn er ihn serviert, reichen Sie ihm einen zusammengefalteten Geldschein, atmen tief aus und kippen sich den kompletten Drink in die Kehle. Danach knallen Sie das Glas auf den Tisch, wischen sich den Mund und sagen »Ah!«.

Nachspülen erlaubt

Scheuen Sie sich nicht, etwas zum Nachspülen zu bestellen, um den Geschmack des harten Drinks zu vertreiben. Mit etwas Süßem wie Kahlúa oder etwas Saurem wie einer Orangenscheibe ist wirklich alles leichter zu ertragen.

EXTRAPUNKTE

Lassen Sie sich nicht durch amerikanische Teenie-Komödien verführen, die Bierdose in der Hand zu zerdrücken oder sie sich gar vor die Stirn zu hauen. Amerikanische Bierdosen bestehen aus einem wesentlich weicheren Material als die ohnehin vom Aussterben bedrohten deutschen und lassen sich auch von zartester Frauenhand wirksam zermalmen. Deutsche Dosen schmettert man nach erfolgreichem Dosenschießen schwungvoll auf den Boden, um zu zeigen, dass man den Inhalt komplett absorbiert hat.

Ich kann … auf den Fingern pfeifen!

Vorbei die Zeiten, als Pfeifen für Frauen als unschicklich galt. Pfeifen, möglichst auf den Fingern, ist viel zu nützlich, als dass frau darauf verzichten könnte: Auf Konzerten bekunden wir damit Beifall, wenn wir wegen des Bierglases nicht beide Hände zum Klatschen frei haben. Nach dem Hund zu pfeifen ist viel cooler (und weniger anstrengend), als ihn zu rufen. Frau kann schönen Männern hinterher- und an Baustellen zurückpfeifen. Und in New York bekommt man mit dieser uralten Kulturtechnik sogar ein Taxi!

Pfeifen auf zwei Fingern

Pfeifen ist das Geräusch, das entsteht, wenn ein Luftstrom geteilt wird und deshalb vibriert. Zwar gibt es viele verschiedene Pfeiftechniken, die einhändige ist jedoch die coolste: die Fingerspitzen des Daumens und des Mittelfingers zu einem Ring zusammenlegen. Den Finger in den Mund stecken, knapp hinter den Zähnen und unter der Zungenspitze. Den Arm entspannt herunterhängen lassen. Pusten und dabei mit der Fingerspannung experimentieren. Hören Sie etwas? Das ist der Anfang eines schrillen Pfeiftons.

EXTRAPFIFF

Falls Sie das Pfeifen auf den Fingern (noch) nicht beherrschen, hängen Sie doch eine Trillerpfeife an Ihren Schlüsselring – der Hund wird auch darauf hören, und Angreifer lassen sich auch so vertreiben.

Ich kann ... eine Rede halten!

Wer eine kluge und von Herzen kommende Rede halten kann, sammelt viele Pluspunkte. Eine schöne Rede bringt Feiern in Schwung, bewegt die Massen und macht den Geehrten glücklich.

Gute Vorbereitung

Sammeln Sie alle Gedanken und Empfindungen, die Ihnen zu dem Menschen oder dem Paar einfallen, dem Ihre Rede gilt – Worte, Aussprüche, Anekdoten und Insider-Witze. Überlegen Sie, was den Anlass so besonders oder einzigartig macht. Und seien Sie ganz Sie selbst. Viele begehen den Fehler, nach Zitaten berühmter Persönlichkeiten zu suchen. Warum auf die Worte Fremder zurückgreifen, wenn die eigene Erfahrung die wichtigsten und stärksten Empfindungen liefert?

Denken Sie beim Schreiben der Rede ans Publikum. Wenn Sie nicht wissen, wer dabei sein wird, bitten Sie um eine Gästeliste. Fragen Sie sich, was die Anwesenden hören möchten. Würde etwa die Großmutter der Braut gern von den Sauf-Eskapaden ihrer Enkelin hören?

Eine wirklich unvergessliche Rede sollte folgende Elemente enthalten:

- Aufrichtige und persönliche Komplimente über die besonderen Qualitäten und Wesenszüge des Angesprochenen
- Die Rede mit einer Frage oder der Einleitung zu einer Anekdote beginnen, die am Ende beantwortet bzw. zu Ende erzählt wird

- Vergessen Sie nicht den Zweck Ihrer Rede. Fordern Sie zum Schluss alle auf, ihr Glas zu erheben, und sprechen Sie die betreffende Person und/oder den Anlass an.

Generalprobe

Sobald Sie die Rede geschrieben haben, üben Sie sie und prägen sie sich ein, bis Sie sie in- und auswendig kennen. So sind Sie selbst dann noch sicher, wenn Sie Ihre Spickzettel verlieren, denn Sie haben alles im Kopf.

Um Fehlerquellen auszuschalten und dem Lampenfieber vorzubeugen, sollte man die Rede, wenn möglich, ein bis zwei Tage vorher vor Ort ausprobieren – möglichst sogar in der entsprechenden Kleidung. So bekommt man ein Gefühl für den Raum und die Akustik und gewöhnt sich an die Vorstellung. Findet die Veranstaltung im Ballsaal eines Hotels oder in einem Restaurant statt, fragen Sie nach, ob Sie sich ein paar Minuten allein in dem Raum aufhalten dürfen, um Ihre Rede zu üben. Während des Übens bezieht man Kraft aus der Vorstellung, wie die Rede ankommt. Stellen Sie sich vor, wie sich Ihre Freundin fühlt, wenn Sie alles Wunderbare aufzählen, das sie für Sie getan hat. Stellen Sie sich vor, wie das Publikum lächelt und nickt, wenn es Ihre gut aufgebaute und fantasievolle Rede hört.

Die Rede

Wahrscheinlich haben Sie ein wenig Lampenfieber, wenn der Zeitpunkt Ihres Auftritts näher rückt. Nervosität aus Angst vor Nervosität ist nichts Ungewöhnliches. Jeder fühlt sich manchmal unbehaglich; das ist normal, natürlich und eher liebenswert. Statt sich davon überwältigen zu lassen, kann man diese nervöse Energie zu seinem Vorteil nutzen. Die Extradosis Adrenalin hilft, bei der Rede die Konzentration und Spannung zu halten, und das ist auch gut so. Denken Sie daran, dass es eine Ehre ist, wenn man Sie bittet, eine so wichtige Rede zu halten. Der oder die so Geehrte hätte Sie nicht gefragt, wenn er/sie es Ihnen nicht zutrauen würde, also entspannen Sie sich, und atmen Sie tief durch. Schließlich tragen Sie keine Regierungserklärung vor.

Vor allem aber entschuldigen Sie sich nie, egal, was passiert. Es gibt nichts Tödlicheres für eine Rede als eine Entschuldigung. Wer sich entschuldigt, untergräbt seine Autorität als Redner und verursacht beim gesamten Publikum Unbehagen. Sagen Sie schmeichelhafte Wahrheiten. Stehen Sie zu dem, was Sie sagen, und seien Sie stolz darauf.

Mogelpackung!

Oft weiß man nicht, wie man eine Rede beenden soll, vor allem, wenn man seine Zuhörer kaum kennt. In solchen Fällen empfehlen wir, eine andere Sprache zu sprechen – buchstäblich. Wählen Sie eine Sprache, die zu den Gästen oder zum Anlass passt und sagen Sie so: »Auf Ihr Wohl!«

Englisch: *Cheers!*
Chinesisch: *Wen Lie!*
Irisch: *Slainte!*
Hebräisch: *L'Chayim!*
Französisch: *A votre santé!*
Italienisch: *Alla Salute!*
Spanisch: *¡Salud!*
Griechisch: *Yasis!*
Russisch: *Za Zdoróv'e!*

Ich kann ... zuschlagen!

Ist es nicht herrlich, wenn in Ihrem liebsten Action-Film der Böse eins aufs Maul bekommt? Besonderen Spaß macht es, wenn eine Frau den Schurken niederstreckt, aber gibt es so etwas wirklich nur im Film?

Tatsächlich muss frau nicht wie ein Schrank gebaut sein, um einen kraftvollen Treffer zu landen. Ein guter Boxhieb erfordert vor allem Gleichgewicht, Übung, Technik und eine größere Dosis Adrenalin.

Der feste Stand

Zunächst einmal braucht man zum Zuschlagen einen festen Stand. Dazu muss man seinen Schwerpunkt herausfinden. Man stellt die Füße schulterbreit auseinander. Das Gewicht lastet größtenteils auf den Fußballen. Mit beiden Beinen fest auf dem Boden, lässt man die obere Körperhälfte von einer Seite auf die andere pendeln. Stellen Sie sich vor, jemand wolle Sie umstoßen und Sie müssten so fest stehen, dass das nahezu unmöglich wird. Sobald Sie diese Position gefunden haben, haben Sie Ihren festen Stand.

Die richtige Haltung

Drehen Sie den Körper so, dass Ihre stärkere Seite (bei Rechtshändern ist das generell die rechte) dem Gegner am nächsten ist. Bieten Sie dem Gegenüber möglichst wenig Angriffsfläche, und drehen Sie ihm die schmale Körperseite zu, statt ihm frontal gegenüberzutreten.

Nun machen Sie eine Faust. Ein häufiger Fehler dabei ist es, den Daumen in die Faust zu stecken. Richtiger legt man den Daumen außen um die Fingerknöchel herum. Die geballte

Faust heben Sie vors Gesicht, aber in einer Linie mit dem Arm.

Halten Sie »Deckung«, indem Sie Ihr Gesicht seitlich schützen, wobei die Spitze der Knöchel direkt unterhalb des Auges liegt.

Geballte Kraft

Der Boxhieb kommt aus dem Bauch, um die volle Körperkraft zu nutzen. Die Schlagkraft bezieht man nicht aus der Schulter oder dem Bizeps, sondern aus der gesamten Körperkraft, die in einer einzigen Bewegung geballt ist.

Und Schlag!

Nun geht es in den Kampf. Sie müssen sich entscheiden, wo Sie Ihren Gegner treffen wollen. Wenn Sie nur trainieren oder Spaß machen, fixieren Sie vielleicht die Schulter. Wollen Sie Ihren Gegner jedoch verblüffen und wirklich treffen, zielen Sie auf das Gesicht oder den Magen.

Fertig? Drehen Sie Ihre starke Seite zurück, und ziehen Sie Arm und Schulter nach hinten. Nun ziehen Sie mit Arm und Schulter durch bis zum Treffer. Sie sollten sich vorstellen, dass Sie in einer kraftvollen imaginären Linie durch den Körper Ihres Gegners hindurchschlagen und auf der anderen Seite wieder herauskommen. Zur Unterstützung können Sie beim Zuschlagen schreien oder tief ausatmen. Beim Training nehmen Sie Ihren Arm danach sofort wieder in die Deckungsposition zurück. Ist dies kein Training, sondern Selbstverteidigung, tun Sie alles, um sich als Ziel so klein wie möglich zu machen, zum Beispiel, indem Sie vor Ihrem Gegner flüchten.

Sie können Ihre Boxhiebe an einem Sandsack oder einem alten Polster üben. Oder Sie kaufen sich preiswert einen Sack Tier- oder Vogelfutter und dreschen darauf ein, bis er platzt.

Jargon

Rechter oder linker Haken: ein Schlag auf die rechte oder linke Seite des Kopfes

Sparring: Schlagabtausch trainingshalber; dient beim Boxen häufig zum Aufwärmen

Kinnhaken: ein Treffer auf die Kinnspitze; führt bei sachgemäßer Durchführung zur Ohnmacht des Gegners

K.o.: Abkürzung für »knockout«, Bewusstlosschlagen des Gegners

Lucky punch: Frühzeitiger K.o.-Schlag

Ich kann … Bierflaschen öffnen (ohne Flaschenöffner)!

Auch wer keinen Flaschenöffner am Schlüsselbund hat, findet sich ab und zu in Gesellschaft einer geschlossenen Bierflasche. In solchen Fällen ist es gut zu wissen, dass sich Flaschen mit vielen Alltagsgegenständen öffnen lassen und man keineswegs auf läppische Hilfsmittel angewiesen ist. Mit den folgenden Tricks beeindrucken Sie Ihre Freunde und stillen Ihren Durst.

Mit der Faust auf den Tisch ····

Suchen Sie sich eine harte, glatte Fläche, die einen Kratzer vertragen kann. Halten Sie die Flasche senkrecht an diese Fläche, wobei der Deckelrand auf der Kante der Oberfläche ruht.

Nun fest mit der Faust direkt auf den Kronkorken schlagen. Manchmal sind dazu mehrere Versuche erforderlich. Der Deckel biegt sich nach oben und lässt sich dann leicht entfernen, bisweilen fliegt er sogar komplett ab.

Der Schlüssel zum Erfolg ·····

Eine Flasche mit dem Schlüsselbund aufzumachen ist nichts für Unerfahrene oder Ungeduldige. Hier gibt es zwei Methoden. Entweder legt man einen großen Schlüsselring über den Kronkorken und zieht den Deckel damit ab. Oder man löst den Kronkorken nach und nach mit einem Schlüssel. Dazu lockert man den Deckel rundum mit dem Schlüsselbart, bis er schließlich nachgibt. (Da der Schlüssel dabei leicht beschädigt wird, nimmt man dazu am besten einen weniger wichtigen oder leicht zu ersetzenden Schlüssel.)

Mit den Waffen einer Hausfrau

In Ihrer Besteckschublade liegen mehr Flaschenöffner, als Sie glauben! Mit einer stabilen Messerklinge oder mit flachen, ebenfalls stabilen Gabel- oder Löffelstielen und etwas Geduld lässt sich ein Kronkorken sehr gut entfernen. Raucher öffnen ihre Bierflaschen gerne mit dem Einwegfeuerzeug (Boden). Bei etwas Übung gelingt auch das Öffnen an einer zweiten geschlossenen Flasche, deren Kronkorken hier als Kapselheber herhält. Ein alter WG-Trick ist die Türrahmen-Methode: Hier öffnet man die Flasche entweder ähnlich wie an der Tischkante, nur an einer senkrechten Kante, oder benutzt die Schlossöffnungen im Türrahmen. Das kann allerdings Kratzer und Ärger mit dem Vermieter bzw. Wohnungsbesitzer geben.

An der Gürtelschnalle (bei sich oder anderen)

Kein anderer Ersatz-Flaschenöffner ist so sexy wie eine Gürtelschnalle. Wir empfehlen diesen Trick für Partys, selbst wenn ein Flaschenöffner in Griffweite ist. Falls Sie selbst keinen Gürtel tragen, machen Sie sich einfach an den nächsten Cowboy oder Hipster (ganz nach Geschmack) heran. Einfach den Flaschendeckel in die Rundung der Schnalle stecken und damit aufhebeln. Genießen Sie den magischen Moment, wenn Ihre Flasche offen ist – und die Hose des Typen auch.

Ich kann ... Zigarre rauchen!

Wer im Kreis von Freunden oder Geschäftspartnern eine gute Zigarre raucht, demonstriert damit Erfolg und Zufriedenheit. Zum Zigarrenexperten wird man schnell – man muss nur wissen, wie man seine Zigarre auswählt, anzündet und pafft.

Die richtige Wahl

Es gibt zwar Hunderte unterschiedlicher Zigarrensorten, aber nur drei Grundtypen, die sich nach Größe und Form unterscheiden:

Panatela: lang und schmal

Corona: die klassische Form, an einem Ende abgerundet

Figuardo: exotischer, in unregelmäßigen Formen

Falls Sie noch nie eine Zigarre geraucht haben, empfehlen wir ein langes, dünnes Modell, denn Größe und Form einer Zigarre stehen in direktem Verhältnis zu ihrer Intensität. Dünnere Zigarren werden nicht so heiß und haben einen weniger intensiven Rauch.

Mit einer qualitativ hochwertigen Zigarre ist das Rauchen sehr viel erfreulicher. Lassen Sie sich am besten in einem guten Tabakgeschäft beraten (nicht in einem Kiosk, der neben Zeitschriften und Zigaretten auch ein paar Zigarren führt). Kubanische Zigarren gelten als die besten der Welt, sind aber auch die teuersten. So lange Sie noch nicht in dieser

Preisklasse rauchen, hier ein paar einfache Anhaltspunkte zum Erkennen einer hochwertigen Zigarre:

- Drücken Sie die Zigarre leicht, um zu überprüfen, ob sie sich klumpig anfühlt – ein Zeichen für minderwertigen Tabak.

- Kaufen Sie keine Zigarren, bei denen die Banderole oder der Tabak an der Spitze verfärbt sind. Das Zigarrenpapier sollte straff sitzen und die Farbe von Pappe haben. Der Tabak sollte dunkel und frisch aussehen.

- Kaufen Sie nur Zigarren aus 100 Prozent Tabak ohne Zusatzstoffe. Im Zweifelsfall lassen Sie sich vom Tabakhändler beraten.

Korrektes Anschneiden

Wenn Sie die Zigarre in einem guten Tabakladen kaufen, können Sie dort bitten, dass man Ihnen die Spitze (das der Banderole nähere Ende) abschneidet – aber nur, wenn Sie die Zigarre in den nächsten Stunden rauchen wollen. Ansonsten trocknet der Tabak leicht aus, was den Geschmack verfälscht. Wollen Sie die Zigarre erst später rauchen, kaufen Sie einen Zigarrenschneider, damit Sie das Ende vorm Rauchen selber abschneiden können. Ein scharfes Schälmesser tut es aber auch.

Zum Anschneiden legt man den Schneider einfach direkt über die Spitze und schneidet energisch durch, als läge die Zigarre unter der Guillotine.

Stilvolles Anzünden

Die Wahl des geeigneten Anzünders ist ebenso wichtig wie die Wahl der richtigen Zigarre, da er den Geschmack der Zigarre beeinflusst. Zünden Sie Zigarren nie mit dem Streichholz an; Streichhölzer enthalten Ammoniak, das Aroma und Geschmack der Zigarre verfälscht. Kaufen Sie lieber ein spezielles Zigarrenfeuerzeug.

Stecken Sie die Zigarrenspitze in den Mund, zünden Sie das Ende an und ziehen dabei vorsichtig den Rauch in den Mund (aber nicht in die Lunge). Sie müssen mehrmals ziehen, bis das Zigarrenende ordentlich brennt.

Entspanntes Genießen

Anders als bei Zigaretten oder anderen pflanzlichen Rauchwaren darf man Zigarrenrauch nicht inhalieren. Man zieht den Rauch in die Mundhöhle und genießt seinen subtilen Geschmack, bevor man ihn wieder ausstößt. Im allgemeinen nimmt man zehn oder zwölf Züge, bevor man die Banderole entfernt (meist fällt sie zu diesem Zeitpunkt durch die Hitze von selbst ab). Zur Genussmaximierung können Sie Ihre Zigarre mit einem schönen Glas Portwein, altem Cabernet-Sauvignon, Cognac oder Whisky kombinieren.

Damenprogramm

Wenn Sie das nächste Mal einen Abend mit Ihren Freundinnen planen, bringen Sie doch ein Kistchen gute Zigarren zum Rauchen nach dem Essen mit. Jahrzehntelang haben Männer bei einer schönen Zigarre über Geschäft, Politik und Philosophie diskutiert. Das können Sie auch! Servieren Sie dazu Cognac, und wer weiß, vielleicht lösen Sie dabei alle Probleme dieser Welt!

Ich kann … Whisky trinken!

Whiskytrinker, das klingt vielleicht hartgesotten, aber für Kenner ist das Auswählen und Genießen dieses komplexen Getränks eine hohe Kunst. Whisky gibt es in verschiedenen Typen mit jeweils eigener Geschichte, Geschmack und Fangemeinde. Über die Herkunft der verschiedenen Whiskysorten gibt es ganze Bibliotheken. Wir ersparen Ihnen hier die Mühe, das alles selbst zu lesen, und fassen das Basiswissen zusammen.

Whiskytypen

Die verschiedenen Whiskytypen unterscheiden sich durch die Getreidesorten bzw. die Zusammensetzung der »Maische« (Kombination mehrerer Getreidesorten), aus der sie hergestellt werden. Welchen man bevorzugt, ist eine Frage des persönlichen Geschmacks. Die folgenden Beschreibungen sollen Ihnen die Auswahl erleichtern.

Single Malt. Anders als der Name vermuten lässt, besteht bei Single Malt Whisky die Maische aus einer Kombination mehrerer gemälzter Getreidesorten. Das Wort *single, einfach*, besagt, dass der Whisky in nur einer Brennerei hergestellt und abgefüllt wird. Single Malts sind in der Regel die besten und teuersten Whiskys, weil sie ein einmaliges, unverwechselbares Produkt ihrer Brennerei sind.

Straight. Ein ziemlich starker Whisky. Der beste wird bis zur vollen Reife in dunklen Eichenfässern gelagert – manchmal bis zu 25 Jahre. Dieser Whisky hat immer mindestens 40 Prozent Alkohol.

Blended. Eine Mischung aus Straight Whisky mit neutralem Alkohol. Der mildeste der drei Typen, auch für Anfänger ohne Beigabe von Wasser und Eis genießbar.

Genuss ohne Reue

Für den vollen Whiskygenuss hier einige Expertentipps:

- Whisky wird häufig mit anderen Getränken zu Cocktails gemixt. Echte Whiskykenner genießen ihn aber nur mit einem Schuss Wasser.

- Am besten schmeckt er aus einem tulpenförmigen Glas, das Geschmack und Aroma optimal zur Geltung bringt.

- Single Malt – nie mit Eis! Wie bei einem guten Cognac geht es beim Single Malt darum, dass sich die komplexen Aromen entfalten. Sie tun ja auch keine Eiswürfel in einen kostbaren Rotwein.

- Wer sich mit Markennamen nicht auskennt, fragt einfach nach dem Alter – je älter, desto besser.

Gut zu wissen:

Briten und Kanadier schreiben in der Regel »Whisky«, Amerikaner und Iren »Whiskey«. Deutsche Kenner bezeichnen Scotch als »Whisky«, irische und amerikanische Produkte als »Whiskey«. Sind Sie nun verwirrt? Trinken Sie einen!

Typ	Land	Getreide	Mindestalter (in Jahren)	Bestes Alter (in Jahren)
Scotch	Schottland	Gerste	3	8–25
Irish	Irland	Gerste	3	8–25
Bourbon	Kentucky/USA	Mais	2	5–8
Tennessee	Kentucky/USA	Mais	2	4–5
Canadian	Kanada	Roggen	4	5–8

EXTRAPUNKTE!

Erkältungen können Sie ohne Arzt kurieren, zumindest aber die Kur genießen. Bei der nächsten Schnupfenattacke probieren Sie einfach ein uraltes Hausmittel – den Hot Toddy: 1 Teil Whisky und 3 Teile heißes Wasser in einem Teeglas mit je 1 Teelöffel Zitronensaft und Honig vermischen. Hilft gegen Halsschmerzen und beschert eine geruhsame Nacht.

N°1
GOOD OLD-
FASHIONED
N°1
Kentucky
WHISKEY

Quiz

Sind Sie eine Frau von Welt oder ein Landei?

1. Eine IZA-»Dusche« ist

   a. die schnellste Methode, sauber zu werden, wenn man in Eile ist
   b. das Monatstreffen für neue Mitglieder der Internationalen Zirkus-Anfänger
   c. eine neue Hydrotherapie-Behandlung, die nur die besten Kureinrichtungen anbieten

2. Welcher der folgenden ist ein Krawattenknoten?

   a. Windsor
   b. Carrington
   c. Trollop

3. Gegen Nervosität vor einer Rede

   a. veranstalten Sie eine Generalprobe.
   b. trinken Sie einen großen Scotch.
   c. täuschen Sie Ihr Ableben vor.

4. Besonders sexy ist, Bierflaschen zu öffnen mit

   a. einer Gürtelschnalle
   b. Ihren Zähnen
   c. den Zähnen von jemand anderem

5. Woher stammt Bourbon ursprünglich?

   a. Kentucky
   b. Schottland
   c. New Hampshire

Ergebnis

Überwiegend A: Frau von Welt!

Sie wissen, wie man sich amüsiert, und sehen auch noch toll dabei aus! Sie sollten bei jeder Party auf der Gästeliste stehen!

Überwiegend B: Frau im Kommen!

Sie sind vergnügungssüchtig und brauchen nur noch ein kleines bisschen Übung. Wir empfehlen vor der nächsten Happy Hour noch etwas Kneipentraining.

Überwiegend C: Frau im Fettnapf!

Sie sind ein wandelnder Fauxpas. Wir empfehlen Ihnen, zu Hause zu bleiben und dieses Kapitel gründlicher zu lesen, bevor Sie sich in einen Herrenclub – oder überhaupt einen Club – wagen.

AUTO
BODY

Auto-Didaktik

Vor gar nicht so langer Zeit basierte unser Bildungssystem noch auf strikter Geschlechtertrennung. Für Mädchen gab es das Schulfach Hauswirtschaftslehre, wo sie lernten, einen Guglhupf zu backen und schicke Tüllgardinen zu nähen. Jungen dagegen erhielten Werkunterricht und durften nach Herzenslust schrauben und basteln. Heute sind die Lehrpläne der Schulen nicht mehr ganz so sexistisch, die geschlechtsspezifischen Unterschiede bestehen aber weiter.

Es gibt immer Momente, in denen Sie nicht mehr weiterwissen und wünschten, Sie könnten selbst einen Reifen wechseln oder die Fahrradkette flicken. Für solche Anlässe haben wir einige »auto-didaktische« Fertigkeiten zusammengestellt, die leicht zu erlernen sind und tatsächlich lebensrettend sein können. Von der Starthilfe mit dem Auto bis zum Möbeltransport verraten wir all die Geheimnisse, die Männer jahrelang für sich behalten haben. Denn in Wirklichkeit ist das alles gar nicht so schwer, und Sie brauchen nicht einmal einen Overall anzuziehen. Aber schmieren Sie sich ein paar Ölflecken ins Gesicht.
Das wirkt sehr professionell!

Wollen Sie zu den Mädels gehoren, die den Unterschied zwischen einem Vierer- und einem Sechserschlüssel kennen und selbst Harley fahren, dann krempeln Sie die Ärmel hoch, werfen Sie Vorurteile über Bord und den Motor an!

Ich kann ... Starthilfe geben!

Die Autobatterie ist immer im allerfalschesten Augenblick leer. Aber gibt es überhaupt einen guten Zeitpunkt für ein Auto, nicht anzuspringen? Bereiten Sie sich auf solche Situationen vor: Schaffen Sie sich anständige Starterkabel an, und packen Sie sie in den Kofferraum. Die Kabel sollten mindestens drei Meter lang sein, damit sie im entscheidenden Moment bis zu einem anderen Auto reichen. Außerdem empfiehlt es sich, eine Schutzbrille dazuzulegen: Starthilfe zu geben ist eigentlich leicht, aber man sollte seine Augen vor Funkenflug und anderen Fremdkörpern schützen.

Wenn Sie das nächste Mal in Ihren Wagen steigen und merken, dass die Batterie den Geist aufgegeben hat, müssen Sie zunächst einmal einen Freund oder einen vertrauenswürdigen Menschen finden. Müssen Sie Fremde ansprechen, sollten Sie sich sicherheitshalber an eine Frau wenden.

Batterie finden

Öffnen Sie zunächst den Kofferraumdeckel, und suchen Sie die Batterie; sie sitzt meist mitten im Motor und sieht aus wie ein rechteckiger Kasten. Man erkennt sie an der Beschriftung, auf der Marke und Ampèrezahl vermerkt sind.

Batterie kontrollieren

Alle Batterien enthalten eine stark schwefelsäurehaltige elektrolytische Lösung. *Falls damit zu rechnen ist, dass diese Lösung gefroren sein könnte, darf man auf keinen Fall Starthilfe geben – die Batterie könnte explodieren. Hier darf nur der Profi helfen.*

Überprüfen Sie unbedingt den Zustand der Plastikumhüllung, und zwar nicht nur an der eigenen, sondern auch an der Batterie des anderen Wagens. Ist die Umhüllung eingerissen oder beschädigt oder lässt sich die Spannung nicht feststellen, lassen Sie die Finger davon. Rufen Sie Hilfe, und ersetzen Sie baldmöglichst die beschädigte Batterie. Dass an den Anschlüssen der Batterie etwas blauer oder grüner »Schnee« sitzt, ist normal. In diesem Fall säubert man die Batterie mit einem Tuch oder einer kleinen Drahtbürste. Niemals mit bloßen Händen abwischen, denn die ätzende chemische Lösung greift die Haut an.

Kontrollieren Sie, ob beide Batterien die gleiche Ampèrezahl aufweisen. Wenn nicht gerade eines der Autos ein ehrwürdiger Oldtimer ist, dürfte das der Fall sein. Nun werden die Starterkabel an die Batterien angeschlossen. Zuvor aber vergewissern Sie sich, dass der Motor Ihres Helfers abgestellt ist und die Fahrzeuge einander nicht berühren.

Starterkabel anbringen

Jede Batterie hat zwei Ausgänge, an denen markiert ist, ob dies der positive (+) oder der negative (-) Pol ist. Führen Sie die folgenden Schritte beim Anschließen der Kabel unbedingt genau in der angegebenen Reihenfolge durch (siehe Zeichnung auf Seite 164).

1. Ein Ende des roten Starterkabels am positiven Pol der leeren Batterie anschließen. Dann das andere Ende dieses Starterkabels am Positivpol des Helferfahrzeugs anschließen.

2. Ein Ende des schwarzen Kabels am Negativpol der Batterie des Helferfahrzeugs anschließen. Das

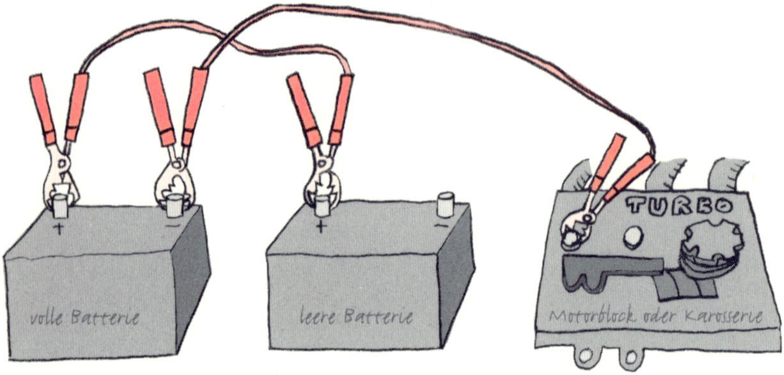

andere Ende an einem Metallriegel am Motorblock des Autos mit der leeren Batterie befestigen. Das Kabel muss am Block, nicht an der Batterie selbst befestigt sein.

Wagen starten

Wenn die Kabel angebracht sind, startet man den Wagen mit der funktionierenden Batterie und lässt den Motor fünf Minuten laufen. Nun kann man das Auto mit der ursprünglich leeren Batterie zu starten versuchen. Springt es nicht innerhalb von 30 Sekunden an, wartet man fünf Minuten und versucht es dann noch einmal. Springt es immer noch nicht an, muss man einen Abschleppdienst rufen.

Kabel entfernen

Sobald das Auto mit der leeren Batterie ein paar Minuten gelaufen ist, nimmt man die Starterkabel in umgekehrter Reihenfolge wie beim Anbringen wieder ab. Das heißt: erst den Negativpol vom leeren Batterieblock, dann den Negativpol vom Helferfahrzeug, dann den Positivpol vom Helferfahrzeug und zuletzt den Positivpol von der einstmals leeren Batterie.

Und dankeschön!

Es kann nicht schaden, dem Freund oder guten Samariter für seine Hilfe eine kleine Entschädigung anzubieten. Angemessen wären 10 oder 20 € (die er oder sie wahrscheinlich nicht annehmen will). Dies ist nur ein kleiner Betrag im Vergleich zu dem, was Sie einer Werkstatt oder einem Abschleppdienst in Ihrer Notlage zahlen müssten. Und nicht vergessen: Im Interesse eines guten Straßenkarmas müssen Sie demnächst einem anderen liegengebliebenen Fahrer den gleichen Dienst erweisen.

Nun sind Sie auf batteriebedingte Notfälle vorbereitet! Wenn Sie jetzt eine Starthilfe benötigen, sind Sie nicht auf Wissen und Kabel anderer angewiesen – Sie haben alles selbst dabei.

Damenprogramm

Warum sollen Sie nicht selbst lernen, was die Jungs schon in der Schule wussten? Erkundigen Sie sich beim ADAC nach Pannenkursen. Fragen Sie jedem Hobby-Autobastler Löcher in den Bauch, bis Sie über eine Menge von Halbwissen verfügen. Stellen Sie sich vor, wie dumm ein Mann guckt, wenn Sie ihn in ein Gespräch über die Herausforderung des richtigen Zwischengasgebens bei Vorkriegswagen (»Veteranen«) verwickeln!

Ich kann ... rückwärts einparken!

In dem Film-Klassiker »Der Stadtneurotiker« rast die genervte Diane Keaton in ihrem VW Käfer mit quietschenden Reifen durch die Straßen von Manhattan, um dann schief und chaotisch vorwärts in eine Parklücke zu sausen. Ihr Beifahrer, Woody Allen, steigt aus und sagt: »Kein Problem. Bis zum Bürgersteig kann ich laufen.« Strafen Sie das Klischee vom Weib, das nicht einparken kann, Lügen. Lesen Sie unsere narrensichere Einführung, und parken Sie fortan ein wie Schumi.

Einparken!

1. Machen Sie Ihren Anspruch auf Ihren Parkplatz klar. Will ein Wagen ausparken, die Parklücke ist aber noch nicht frei, warten Sie einfach hinter der Lücke (mit eingeschaltetem Blinker), lassen dem anderen Wagen aber genügend Platz zum Ausparken. Sobald die Parklücke frei ist, setzen Sie so weit vor, dass Ihre hintere Stoßstange auf gleicher Höhe mit der des vor der Lücke parkenden Autos ist. Halten Sie dabei seitlich einen guten halben Meter Abstand zwischen Ihrem und dem parkenden Fahrzeug.

2. Rückwärtsgang einlegen und langsam zurücksetzen. Fährt der Wagen an, Lenkrad so weit wie irgend möglich Richtung Bürgersteig einschlagen. Sobald sich die Vordertür Ihres Wagens auf Höhe der hinteren Stoßstange des geparkten Fahrzeugs befindet, setzen Sie nicht weiter zurück und schlagen das Lenkrad in Gegenrichtung ein. Mit dieser Lenkradstellung weiter rückwärts in die Lücke setzen, bis Ihr Wagen fast in einer Linie mit den Wagen davor und dahinter steht.

3. Zum Schluss Lenkrad geraderichten und vorziehen. Ihr Wagen sollte 15 bis 20 Zentimeter vor der Bordsteinkante stehen.

Hanglage

Wenn Sie mit der Kühlerhaube bergauf am Berg parken, schlagen Sie, bevor Sie den Motor abstellen, das Lenkrad ganz nach links ein, sodass die Räder vom Bordstein weggedreht sind. Stehen Sie mit der Kühlerhaube bergab, schlagen Sie das Lenkrad ganz nach rechts ein, sodass die Räder zum Bordstein zeigen. So kann der Wagen auch dann nicht wegrollen, wenn die Handbremse versagt.

EXTRAPUNKTE!

Üben Sie das Ein- und Ausparken in engen Parklücken, indem Sie Hütchen aufstellen oder Kreidemarkierungen auf die Straße malen. Schon bald werden Sie Ihren Geländewagen so mühelos manövrieren wie einen Fiat!

Ich kann ... Reifen wechseln!

Ganz allein einen Reifen wechseln zu müssen klingt wie pure Schikane, ist aber für abenteuerlustige, allein mit dem Auto reisende Frauen eine unerlässliche Fertigkeit. Denn wen wollen Sie anrufen, wenn Sie mitten in Südfrankreich einen Platten haben? Schließlich sind Sie sich selbst der beste gelbe Engel.

Wenn irgend möglich, sollte man einen Reifenwechsel auf festem, ebenem Boden vornehmen. Auf abschüssiger Strecke klemmt man einen schweren Gegenstand, etwa einen Stein oder Ziegelstein, auf der bergab gelegenen Seite unter den zweiten, intakten Reifen auf der »Pannenseite« (bei plattem Vorderreifen gleiche Seite Hinterrad, bei plattem Hinterreifen gleiche Seite Vorderrad). Überprüfen Sie, ob die Handbremse angezogen ist, damit der Wagen sich nicht versehentlich in Bewegung setzt. Auf stark befahrenen Straßen sollten die Beifahrer sicherheitshalber im Wagen bleiben.

Wie man Reifen wechselt

1. Zunächst Reserverad, Radmutternschlüssel und Wagenheber aus dem Kofferraum nehmen. Diese lebenswichtige Ausrüstung findet man meist unter dem Kofferraumboden. Wagenheber dicht am zu wechselnden Reifen unter die Führungsschienen der Karosserie stellen. (An anderen Stellen kann die Karosserie beim Hebevorgang reißen.) Sehen Sie in der Gebrauchsanweisung nach, wo genau der Wagenheber angesetzt wird.

2. Vor Einsatz des Wagenhebers die Radkappe mit dem Brecheisen am Radmutternschlüssel abheben und die Radmuttern mit dem Schlüssel so weit lösen, dass sie nur noch halb festgeschraubt sind. Nun durch Pumpen bzw. Kurbeln des Wagenhebers den Wagen so weit anheben, dass der Reifen nicht mehr den Boden berührt. Radmuttern ganz lösen, abnehmen, dann den Reifen abnehmen. Radmuttern in die Radkappe legen, damit sie nicht wegrollen.

3. Reserverad aufsetzen und Radmuttern mit dem Schlüssel oder den Fingern aufsetzen, dabei nur einmal drehen, bis alle gleichmäßig fest sitzen. Dann nacheinander alle Muttern mit dem Schlüssel so fest wie möglich anziehen. Dazu darf man auf den Radmutternschlüssel springen.

4. Wagen wieder komplett absenken und Wagenheber wegnehmen. Muttern noch einmal festziehen. Radkappe wieder aufsetzen, und schon sind Sie fertig!

Nehmen Sie den platten Reifen mit; manche Löcher lassen sich flicken. Nicht vergessen: Viele Wagen haben als Reserverad nur ein etwas schmäleres Rad, mit dem Sie nur eine begrenzte Strecke fahren können, und das nicht allzu schnell. (Wie schnell, steht in der Betriebsanleitung des Autos, wenn das Reserverad noch original ist.) Es gibt auch Noträder, die sind noch schmäler, aber selten. In jedem Fall kommen Sie damit aber von der Autobahn oder Landstraße bis zur nächsten Werkstatt.

Fahren Sie zu einer Werkstatt, um den platten Reifen flicken oder ersetzen zu lassen, und erzählen Sie ruhig, dass Sie den Reifen eigenhändig gewechselt haben!

Jargon

Reserverad: Der schmale Ersatzreifen, der in der Regel unter der Bodenmatte im Kofferraum liegt.

Radmutternschlüssel: Ein spezieller Schraubenschlüssel zum Entfernen oder Ersetzen der Radmuttern an der Radkappe. Sollte man zum bequemen Reifenwechsel immer im Kofferraum haben.

Ich kann … Möbel auf dem Autodach transportieren!

Sie haben gerade einen Bausatz für einen Ikea-Schrank oder ein Sofa erstanden, ohne das Sie nicht mehr leben können. Aber wie passt das jetzt in Ihren Kleinwagen? Wer keinen Dachgepäckträger hat und nur eine kurze Strecke fahren muss, kann die Einkäufe auf dem Dach seines PKW festbinden. Das geht ganz einfach: Das Einzige, was man braucht, sind zwei kräftige Knoten und eine Menge Muskelkraft. Mit unserer Anleitung transportieren Sie demnächst alles fest und sicher auf dem Autodach.

Besorgen Sie sich zunächst eine Decke oder ein Stück Teppichboden mit gummierter Rückseite, mindestens zwei 6 – 7 m lange Nylonseile und jemanden (vielleicht Sie selbst!), der Palstek und Halben Schlag knüpfen kann (siehe »Ich kann … Knoten machen!«, S. 206). Wir empfehlen, diese Gegenstände für Shopping-Notsituationen immer im Kofferraum mitzuführen.

Feste Bindung

1. Die Decke so falten, dass sie glatt liegt und ungefähr die gleichen Abmessungen wie das Autodach hat.

2. Decke aufs Dach legen, Gummierung (falls vorhanden) nach unten, und das Möbelstück darauflegen. Schwere Lasten verschieben sich leicht, wenn der Wagen in Bewegung ist, daher für gutes Gleichgewicht und den richtigen Schwerpunkt sorgen: Einen Sessel z. B. legt man auf den Rücken, so dass der schwerste Teil auf dem Dach aufliegt.

3. Beide Nylonseile über und möglichst auch durch das Möbelstück ziehen. Ein Seil sollte an den vorderen, das andere an den hinteren Autotüren sitzen. Türen öffnen und Seilenden durch die Türrahmen ziehen.

4. An jeweils einem Seilende einen Palstek knüpfen.

5. Nun die beiden anderen Seilenden ins Auto ziehen und jeweils das freie Seilende durch die Schlaufe am anderen Seilende ziehen. Dann das ganze Seil so weit durchziehen, dass die Schlaufe oben auf dem Wagen sitzt.

6. Das freie Seilende kräftig nach unten ziehen. Die Schlaufe wirkt wie ein Flaschenzug und erzeugt die nötige Spannung, um den Knoten festzuziehen. Seil so straff wie möglich anziehen.

7. Zum Festbinden unter der Schlaufe zwei Halbe Schläge knüpfen.

8. Das andere Seil ebenso sichern.

9. Zum Schluss alle vier Türen schließen, dabei darauf achten, dass die herabhängenden Seilenden im Wageninneren verstaut sind. Sonst könnten sich die Knoten lösen und / oder die Seile sich in den Rädern verfangen.

Mogelpackung!

Fahrräder oder Gepäck lassen sich mit Hilfe von Spanngurten (gibt es im Baumarkt) schnell und sicher auf dem Autodach befestigen. Einfach die Teile auf dem Wagen anschnallen, die Gurte nach innen ziehen und zusammenhaken. Oder die Gurte im Inneren der Autotür oder des Kofferraums festhaken. Darauf achten, dass die Haken der Spanngurte mit Kunststoff überzogen sind, um Kratzer und Schäden am Fahrzeug zu verhindern.

Ich kann ... LKW fahren!

Trucker sind muskulöse, tätowierte Kerle, die ihren Namen (oder einen machomäßigen Spitznamen) auf einem Schild hinter der Frontscheibe spazierenfahren, im Autoradio Countrymusik mit deutschen Texten hören, sich in speziellen Fernfahrerkneipen die Bäuche vollschlagen und Frauen in Minis (Autos wie Röcken) hinterherhupen. So weit das Klischee.

Manchmal benötigt frau einen Laster aber auch zu ganz banalen Zwecken. Wenn wir Möbel transportieren oder größere Schnäppchen vom Flohmarkt nach Hause karren müssen, ist ein LKW einfach das geeignete Transportmittel. Viele Frauen verlassen sich hier auf Männer oder engagieren Profis, aber das schmutzige Geheimnis beim LKW-Fahren ist so schmutzig gar nicht: Wer Auto fahren kann, kann auch LKW fahren.

Ein Laster für alle Fälle

LKWs gibt es in allen möglichen Größen und Modellen; wir stellen hier die Grundtypen vor, die Sie mit Ihrem normalen Führerschein fahren dürfen:

Pick-up. Ein kleiner Transporter mit offener Ladefläche, deshalb in unseren Breiten vor allem zum Transport nicht regenempfindlicher Güter wie Pflanzen oder Baumaterial geeignet.

Kastenwagen. Ein Transporter, der nicht über eine abgetrennte Kabine verfügt, sondern eine durchgehende Ladefläche hat.

Pritschenwagen. Ein größerer Transporter mit offener Ladefläche, auf dem die Ladung gut festgebunden sein muss. Beliebtes Baustellenfahrzeug.

LKW mit Kofferaufbau. Wegen seines geschlossenen Laderaums der beliebteste und verbreitetste LKW-Typ. Gibt es in verschiedenen Größen für Umzüge und Transporte aller Art.

Eines gilt für alle LKW-Typen: Das Wichtigste ist, dass die Ladung gut verstaut ist. Möbel sollten an den Seiten oder am Boden des Fahrzeugs gesichert werden. Lücken füllt man mit Kartons und Decken, damit die Ladung beim Fahren nicht verrutscht, wackelt oder umfällt.

Auf der Straße

Die Hauptunterschiede zwischen dem Fahren eines PKW und eines LKW sind die Spiegel, die Gänge und die Höhe. Folgendes müssen Sie beachten:

Spiegel. Mit einem LKW muss man anders zurücksetzen als mit einem PKW – denn nicht immer gibt es eine Heckscheibe, durch die man schauen kann. Stattdessen müssen Sie sich auf die Seitenspiegel verlassen. Bei älteren Modellen lassen sich diese Spiegel häufig nur per Hand verstellen, bei neueren gibt es dafür eine automatische Steuerung. Stellen Sie die Spiegel so ein, dass Sie hinter sich alles sehen können. Sie sollten vorm Losfahren und Zurücksetzen das Fenster öffnen, sich umdrehen und hinausschauen.

Übersetzung. Die Gangschaltung bei LKWs funktioniert im Prinzip wie bei jedem anderen Auto, ist aber meist sehr viel schwerer und komplizierter zu bedienen. Bevor Sie einen LKW mieten, ausleihen oder kaufen, sollten Sie sicher sein, dass Sie mit der Gangschaltung zurechtkommen. Selbst wenn das Schalten Ihnen zunächst ein bisschen schwerfällt, werden Sie den Rhythmus Ihres Fahrzeugs doch schnell kennen lernen.

Denken Sie auch daran, dass bei LKWs die Höchstgeschwindigkeit, bei der es sich angenehm und sicher fahren lässt, sehr viel niedriger ist als bei PKWs. Deshalb ist es wichtig, langsam zu fahren und den Tacho im Auge zu behalten.

Höhe. LKWs sind sehr viel höher als PKWs, also fahren Sie vorsichtig, und behalten Sie Gefahrenstellen im Auge. Vielen Anfängern passiert im LKW das Missgeschick, im Parkhaus oder Drive-in an der Decke hängen zu bleiben. Prägen Sie sich die Höhe Ihres Fahrzeugs ein, und vergessen Sie auf keinen Fall, vor Durchfahrten wie z. B. Tunnels oder Unterführungen die Schilder zu lesen, auf denen die Durchfahrthöhe angegeben ist.

Sobald Sie diese Klippen gemeistert haben, dürfen Sie sich zum nächsten Fernfahrertreff wagen und eins dieser Jägerschnitzel bestellen, die an allen Seiten über den Tellerrand hängen.

DAMENPROGRAMM

Monster-Truck-Treffen sind eigentlich traditionelle Vater-und-Sohn-Unternehmungen. Drehen Sie den Spieß doch einmal um und fahren mit Ihrer Mutter zu einem solchen Macho-Sportereignis. Nehmen Sie Klappstühle und einen Six-Pack Ihres Lieblingsgetränks mit. Sie können Leute beobachten, alles über die verschiedenen Trucks und ihre Motoren lernen und einen unvergesslichen Tag genießen!

Ich kann … Fahrradketten flicken!

Eine Fahrradkette zu flicken ist ganz einfach und eine Sache von wenigen Minuten. Eine Frau, die die Kette ihres Rads selbst flickt, macht Eindruck und beweist Unabhängigkeit. Falls Sie es noch nie versucht haben, folgen Sie diesem simplen Plan, um wieder in den Sattel zu kommen.

Schnelle Hilfe

1. Wenn Sie merken, dass die Kette klemmt oder abgesprungen ist, treten Sie nicht weiter und steigen ab. Schieben Sie das Rad zum Straßenrand, und bringen Sie es an eine ebene Stelle, wo Sie Platz zum Arbeiten haben und genügend sehen können.

2. Die Kette auf den unteren Bereich des kleinsten vorderen Kettenblatts legen und in das Zahnrad einpassen.

3. Mit einer Hand die Kette über das Kettenblatt und von ihm wegziehen und dabei mit der anderen Hand die Pedale rückwärtsdrehen.

Die Kette sollte einrasten und sich frei bewegen. Falls die Kette an einer Niete des Kettenblatts hängen bleibt, Kette einfach von der Niete wegziehen und aufs Zahnrad legen. Ein Tipp: Deponieren Sie – z. B. unter dem Fahrradsattel oder dem Gepäckträger – ein Paar dünne Plastikhandschuhe, wie man sie zum Haarefärben benutzt. Damit können Sie notfalls die abgesprungene Kette wieder aufhängen, ohne sich die Hände allzu schmutzig zu machen.

Pannenverhütung

Damit die Kette nicht ständig abspringt, muss man sie regelmäßig reinigen. Dazu braucht man die richtige Schmierlösung und ein sauberes Tuch. Hören Sie nicht auf die Tipps von Laien: Benzin und Multifunktionsöle wie WD-40 sind nicht geeignet; sie können die Kette beschädigen und ihre Funktionsfähigkeit beeinträchtigen. In Fahrradgeschäften bekommt man ein spezielles Kettenreinigungsmittel. Wenn Sie unseren simplen Reinigungstipps folgen, gehören unliebsame »Kettenreaktionen« der Vergangenheit an:

1. Fahrrad auf einen Fahrradständer heben oder an eine Wand lehnen. Schmierlösung oben auf die Kette träufeln und Pedale rückwärts drehen.

2. Wenn die Kette einen kompletten Umlauf hinter sich hat, mit dem Tuch Seiten und Außenseite der Kette kräftig abreiben. Dabei die Kette mit den Pedalen weiterdrehen. Wiederholen, bis sich keine schwarzen Schmierspuren mehr auf dem Tuch zeigen.

3. Etwas Lösung auf eine saubere Stelle des Tuchs geben und das vordere und hintere Kettenblatt sauber reiben, dazu das Tuch an der Oberseite des Kettenblatts zusammendrücken, während man die Pedale rückwärts dreht. Die Anzüge am hinteren Umwerfer ebenso säubern.

4. Etwas Schmierlösung auf die Kette träufeln und sie über die Kettenblätter laufen lassen. Fahrrad hinten anheben und die Gangschaltung bedienen, damit die saubere, geschmierte Kette mit allen Gängen in Berührung kommt.

Jargon

Zahnrad: ein Rad mit Metallzähnen, die in die Fahrradkette greifen

Kettenblätter: die großen und kleinen Ringe, die die Fahrradkette bewegen

Freilauf: das Teil, das das Hinterrad in Bewegung setzt und das Fahrrad antreibt

Vorderer oder **hinterer Umwerfer:** der Mechanismus, der am Freilauf die Kette vom Kettenblatt abzieht

Mogelpackung

Sie wollen sich an der Kette nicht die Hände schmutzig machen? Stellen Sie sich auf die Seite ohne Kette, und halten Sie das Rad senkrecht. Nun mit dem Zeh leicht auf die untere Seite der Kette treten und sie leicht nach unten und vorwärts zum vorderen Kettenblatt ziehen. Kette aufs Zahnrad des vorderen Kettenblatts ziehen. Fuß wegnehmen und die Pedale rückwärts drehen, sodass die Kette einrastet. Diese Technik erfordert etwas Übung, aber Sie behalten saubere Hände und sehen dabei unglaublich cool und erfahren aus.

Ich kann … *den Kofferraum beladen!*

Wir haben nie gewürdigt, wie gut Papa packt, bis wir es selbst machen mussten. Dass alles in den Kofferraum passt, ist aber nur eine einfache Übung in räumlichem Vorstellungsvermögen.

Zum Packgenie werden Sie, wenn Sie die folgende Gebrauchsanweisung beherzigen.

Schlüsseltechniken

1. Zunächst die zu packenden Gegenstände betrachten. Trennen Sie in Gedanken Hartes von Weichem, und sortieren Sie sie der Größe nach.

2. Man beginnt mit großen, starren Teilen wie Kisten oder Koffern. Diese Gegenstände auf der größten, flachsten Seite in den Kofferraum legen, wobei Griffe oder andere herausstehende Teile nach oben oder nach außen zeigen. So dicht wie möglich nebeneinander und so weit nach innen wie möglich platzieren.

3. Die anderen großen Teile der Größe nach einladen und in passende Lücken schieben.

4. Nun sind die großen, weichen Teile an der Reihe. Kleidersäcke sollten als Letztes flach auf die Koffer gelegt werden.

5. Zum Schluss kleine, weiche Teile wie Handtaschen verteilen. Kopfkissen polstern die Ladung besonders gut ab und füllen Lücken, sodass der Inhalt während der Fahrt nicht verrutscht. Alles, was man zuerst braucht, kommt mög-

lichst nah an die Kofferraumöffnung, damit man es griffbereit hat.

6. Zerbrechliches weit weg von den Scharnieren des Kofferraumdeckels verstauen und sicher zwischen weichen Teilen einbetten, damit es beim Transport nicht zerdrückt wird.

Ein gut gepackter Kofferraum ist ein erhebender Anblick. Wenn Sie diese Tipps in die Praxis umgesetzt haben, werden Sie sich selbst wundern, wie Sie es geschafft haben, das alles so schön zu verstauen!

Extrapunkte

Der Kofferraum ist nicht nur für große Lasten da. Er ist auch der richtige Platz für schwere Gegenstände, zum Schutz für Sie und Ihre Mitfahrer im Falle eines Auffahrunfalls. Wenn Sie das nächste Mal einen Koffer auf den Rücksitz legen wollen, sollten Sie sich fragen: »Will ich wirklich, dass mir dieses Ding bei 80 Stundenkilometern an den Kopf fliegt?« Lautet die Antwort Nein, packen Sie ihn in den Kofferraum.

Ich kann ... Motorrad fahren!

Die traurige Wahrheit: Der Anteil Motorrad fahrender Frauen ist verschwindend gering. Wie kommt das? Motorrad fahren ist definitiv cool, schick und sexy. Viele Frauen schreckt aber die Vorstellung ab, etwas zu fahren, das so macho und gefährlich aussieht. Dabei macht Motorrad fahren unglaublichen Spaß und wirkt ausgesprochen befreiend. Motorräder sind nicht nur ein Hobby: Sie sind ein Lebensstil. Falls Sie je mit dem Gedanken gespielt haben, sich auf zwei Rädern durch die Welt zu bewegen, helfen Ihnen unsere Tipps beim Einstieg in dieses Abenteuer.

In den Sattel!

Wenn Sie Fahrrad und Auto fahren können, haben Sie überdurchschnittlich gute Chancen, auch mit einem Motorrad fertig zu werden. Und wenn bei Ihnen die Koordination zwischen Händen und Füßen besonders gut ist (braucht man für die Gangschaltung und den Anlasser), sind Ihre Chancen sogar noch besser. Falls Sie einen Freund mit Motorrad haben, fragen Sie ihn, ob Sie sich einmal darauf setzen dürfen, und lassen Sie sich die Gänge und Schaltmechanismen erklären. Sie können dabei eine Menge über die Funktion von Motorrädern lernen, ohne den Motor anzuwerfen. Diese Einführung erleichtert Ihnen den Einstieg in die Fahrstunden.

Auf die Schulbank

Den Motorradführerschein kann man in vielen Fahrschulen machen.

Daneben bieten auch Motorradfahrerclubs und -organisationen Kurse an, die Sie in die Welt der Biker einführen und Ihnen ein umfassendes Praxistraining vermitteln.

Bis Sie wirklich mit dieser Fahrweise vertraut sind, wird aber noch mindestens ein Jahr vergehen.

Markenkunde

Von Yamaha über BMW bis Harley-Davidson gibt es Dutzende von Motorradherstellern. Für welches Modell Sie sich entscheiden, hängt von mehreren Faktoren ab: Wo Sie fahren wollen, wie Sie fahren wollen, und welches Image Sie vermitteln möchten. Wollen Sie lange Touren machen, sollten Sie sich die Harley ansehen. Wollen Sie angeben, ist eine schicke Yamaha vielleicht die Richtige. Gefällt Ihnen das Design der alten Schule, spricht Sie vielleicht eine Ducati oder Royal Enfield an. Recherchieren Sie gründlich, und suchen Sie eine Maschine aus, die zu Ihrer Größe passt. Geben Sie für Ihr erstes Bike nicht zu viel Geld aus, denn anfangs werden Sie wahrscheinlich stürzen und Ihr Fahrzeug verkratzen.

Schutzkleidung

Nun kommt das Schönste – die Kleidung. Was könnte cooler sein als eine Biker-Lederjacke? Aber das Wichtigste zuerst. Wenn Sie auch sonst keine Ausrüstung zu kaufen planen (wovon wir übrigens dringend abraten), müssen Sie doch wenigstens einen Helm kaufen – den besten, den Sie sich leisten können. Oder wollen Sie etwa vorzeitig zum Organspender werden?

Da Sie jetzt einen Helm besitzen, geben Sie Ihre Zurückhaltung auf, und kaufen Sie sich eine Ledermontur (schließlich gibt es jetzt einen legitimen Grund dafür!) und hohe Bikerstiefel. Praktischerweise machen Bikerstiefel etliche Zentimeter größer (toll für kleine Frauen) und bieten wie die gesamte Montur im Falle eines Falles Schutz vor scheußlichen Schürfwunden.

On the Road

Sobald Sie Ihren Motorradführerschein in der Tasche haben, sind Sie offiziell und mit Brief und Siegel ein Biker und dürfen nach Herzenslust die Straßen erobern.

Im ersten Jahr sollten Sie Erfahrungen sammeln, so oft wie möglich aufs Land fahren und Ihre Technik bei niedrigem Tempo verfeinern. Wenn Sie sich sicher fühlen, können Sie sich auch auf die Autobahn wagen, sobald Sie wissen, dass Sie sich auch in hektischeren Situationen auf Ihre Fahrkunst verlassen können.

EXTRAPUNKTE!

Motorradrallyes sind Treffpunkte für Biker aus aller Welt oder zumindest aus der Region, eine wunderbare Gelegenheit, Gleichgesinnte kennenzulernen. Suchen Sie die Rallye aus, die vom Ort, der Jahreszeit oder Ihrem Motorradtyp am besten zu Ihnen passt.

Quiz

Fahren Sie gut – oder nur mit?

1. Ein Kettenblatt ist

   a. ein Ring mit Metallzähnen, die in die Fahrradkette greifen
   b. ein Blatt, das in die Fahrradkette geraten ist
   c. ein Formular, mit dem man Perlenketten bestellen kann

2. Einer der besten Knoten, um Möbel auf dem Autodach festzubinden, ist der

   a. Palstek
   b. Kuhstek
   c. Beefsteak

3. Einparken übt man zwischen

   a. zwei Leitkegeln
   b. zwei geparkten Wagen
   c. zwei Verkehrspolizisten

4. Der beste Platz für einen Koffer ist

   a. der Kofferraum
   b. die rechte Seite der Rückbank
   c. auf dem Autodach, mit Spanngurten festgezogen

5. Beim LKW-Fahren benutzt man auf jeden Fall

   a. die Spiegel
   b. die Hupe
   c. die Intuition

Ergebnis

Überwiegend A: Formel eins!

Sie sind ein echtes Fahrtalent und werden sich nie wieder durch seltsame Geräusche Ihres Wagens irritieren lassen!

Überwiegend B: Sonntagsfahrer!

Sie meinen es gut, aber manchmal haben Sie eine lange Leitung. Was Ihnen an Geschicklichkeit fehlt, gleichen Sie durch Enthusiasmus aus, aber geben Sie nicht uns die Schuld, wenn Sie den Motor abwürgen!

Überwiegend C: Fahrschüler!

Sie müssen sofort noch einmal in die Fahrschule! Man kann Sie nicht auf die Straße lassen, und für Ihr Auto sind Sie ungefähr so nützlich wie ein leerer Tank!

Ruf der Wildnis

Die Wissenschaft lehrt uns, dass die Vorstellung, nach welcher Frauen ins Haus und Männer nach draußen gehören, aus der Zeit der Neandertaler stammt, als die Höhlenmänner zum Jagen und Nahrungssammeln ausschwärmten und die Frauen daheim zurückließen, damit sie sich um die Kinder und ums Feuer kümmerten. Angeblich lag das daran, dass die Frauen nicht stark genug zum Jagen und Sammeln waren. Aber wir müssen uns doch fragen, ob die Männer nicht schlicht und einfach alles, was Spaß macht, für sich beanspruchten.

Jetzt leben wir im 21. Jahrhundert, und die Zeiten und Rollen haben sich gewandelt. Nach einem langen Arbeitstag, an dem Frauen sich mit allen Herausforderungen des Lebens in geschlossenen Räumen herumschlagen (Schularbeit, Büroarbeit, Kinderbetreuung, Abwasch, Rechnungen), könnten wir Mutter Natur gut als Therapeutin brauchen. Wenn Sie das nächste Mal gestresst sind, versammeln Sie doch einfach eine Gruppe von Freundinnen, und brechen Sie in die Wildnis auf. Alles, was Sie dazu brauchen, lernen Sie in diesem Kapitel und haben auch noch Spaß dabei! Ob Sie den Grill anheizen oder einen Stein über die Spiegelfläche eines Sees hüpfen lassen – genießen Sie die Freiheit, die nur die freie Natur bieten kann.

Wenn Sie dann unterm Sternenhimmel einschlafen, träumen Sie vielleicht von einer Zukunft, in der die Frauen ebenbürtige Jägerinnen und Sammlerinnen sind. Eine Zukunft, in der wir stromaufwärts rudern, unser frisch gefangenes Abendessen ausnehmen, Feuer zum Grillen machen und dann spuckend ums Lagerfeuer sitzen, während die Männer abwaschen.

Ich kann ... grillen!

Bevor es professionelle Heißluftherde und Edelstahl-Gasgrills gab, musste man über dem offenen Feuer grillen. Aber trotz allen technischen Fortschritts hat der altmodische Geschmack eines Holzkohlengrills immer noch seinen Reiz. In Ihrer Küche sind Sie die Königin, was hindert Sie also daran, Ihr Talent auch draußen zu erproben und über offener Flamme unter freiem Himmel zu kochen?

Eine Frage des Grills

Ob man sich für einen Gas- oder einen Holzkohlengrill entscheidet, ist Geschmacksfrage. Fragen Sie Freunde und Verwandte über deren Grillmethode aus – und probieren Sie sich durch die Erzeugnisse, bis Sie das Beste für sich gefunden haben. Gasgrills sind sicherlich leichter zu reinigen und zu benutzen, viele Grillfreunde schwören aber auf den typischen Geschmack traditionellen Holzkohlengrillguts. Und so wird's gemacht:

1. Die Kohlen in der traditionellen Pyramidenform aufschichten. Zunächst in der untersten Schicht 15 bis 20 Kohlen in die Kohlenschale legen. Darauf weitere Kohlen pyramidenförmig aufbauen. Die obersten Kohlen sollten fast den Grillrost berühren. Kohlen sparsam mit Grillanzünder beträufeln, auf die Spitze der Pyramide etwas mehr geben.

2. Kohlen mit einem langstieligen Anzünder oder langen Streichhölzern anzünden.

Kurze Streichhölzer sind gefährlich. Notfalls tut es auch eine Kerze, es sollte aber möglichst wenig Wachs auf die Kohlen tropfen – das könnte die Flammenentwicklung behindern.

3. Nach dem Anzünden brauchen die Kohlen etwa 15 bis 20 Minuten. Schneller geht es, wenn man die Ventile des Grillkessels öffnet, damit die Luft besser zirkulieren kann. Wenn die Kohlen nur an den Rändern weiß sind, ist es so weit. Nun kann man das Fleisch (oder Fisch oder Gemüse) auf den Grill legen.

Perfekte Garzeiten

Die Garzeiten variieren je nach Dicke und Art des Fleisches; hier einige Anhaltspunkte:

Rind: 6 bis 8 Minuten pro Seite (für durchgegartes Fleisch länger)

Huhn und Schwein: 5 bis 6 Minuten pro Seite

Fisch: 1 bis 3 Minuten pro Seite

Heiße Grilltipps

Lassen Sie sich nicht von den Angebern am Grill ins Bockshorn jagen – um mit dem Grill umzugehen, müssen Sie lediglich die Schürze umbinden, die Ärmel aufkrempeln und ein paar simple Regeln befolgen:

- Leisten Sie sich einen Satz Grillutensilien. Normale Küchenwerkzeuge wie Zangen oder Gabeln sind fürs Grillen nicht geeignet, werden dabei beschädigt und können sogar zu Verletzungen führen.

- Sorgen Sie immer dafür, dass genug Essen für alle da ist. Da Gegrilltes etwas Besonderes ist, essen die Leute häufig mehr als gewöhnlich. Stellen Sie sich darauf ein, und grillen Sie doppelt so viel, wie Sie normalerweise benötigen.

- Marinieren Sie Fleisch und Gemüse mindestens eine Stunde vorm Grillen, damit die Aromen aus der Marinade einziehen können.

- Fisch fällt beim Grillen leicht auseinander und könnte dabei durch den Rost rutschen. Deshalb den Fisch zum Grillen in einen Fischgriller oder auf Alufolie legen.

- Niemals den Grillrost nach dem Anzünden der Kohlen einölen oder einsprühen. Dies muss unbedingt vor dem Anzünden geschehen. Und nie mit einer Anzünder-, Öl- oder gar Spiritusflasche oder -dose in der Nähe der bereits angezündeten Kohlen hantieren. Der Inhalt könnte sich durch die Hitze oder einen Funken entzünden und explodieren.

- Wenn das Grillgut in Flammen gerät, liegt das daran, dass zu viel Fett mit zu viel Hitze in Berührung kommt. Zur Vorbeugung überschüssiges Fett vom Fleisch abschneiden, damit es nicht auf die Flammen tropft.

- Nicht vergessen: Mit einer hohen weißen Kochmütze und einer lustig bedruckten oder professionell weißen Schürze ziehen Sie alle Blicke auf sich.

Jargon

Beizen: Fleisch mit einer gewürzten Flüssigkeit einpinseln, damit es leckerer und saftiger wird

Räuchern: Trockenes Garen von Fleisch bei aufgelegtem Deckel und geschlossenen Ventilen

Einreiben: Das Fleisch wird vor dem Grillen mit einer trockenen Gewürzmischung eingerieben

Holzchips: Naturbelassene Hartholzspäne, etwa von Apfel- oder Kirschbaumholz, verleihen dem Grillgut ein kräftiges, rauchiges Aroma

Ich kann … Fische ausnehmen!

Sie haben schon Fischstäbchen gebraten, Heilbuttfilets zubereitet und Lachssteaks mariniert, aber wissen Sie eigentlich, wie wirklich fangfrischer Fisch schmeckt? Natürlich nicht, denn dann hätten Sie ihn ausnehmen müssen. Es sollte Ihnen wie Schuppen von den Augen fallen – Fische auszunehmen ist ganz einfach, macht Spaß und ist nicht besonders eklig. Alles, was Sie brauchen, sind ein Schneidebrett, ein scharfes Messer und unsere Anleitung.

Schlüsseltechniken

1. Das Ausnehmen von Fischen kann Schmutz machen, daher die Arbeitsfläche mit Zeitungspapier abdecken. Eine Plastiktüte für Innereien und Gräten bereithalten.

2. Fisch in einen Seiher (Durchschlag) legen und unter fließendem Wasser allen Schleim abspülen. Mit einem scharfen Messer die Seitenflossen abschneiden. Schuppen (falls vorhanden) mit einem scharfen, im 90-Grad-Winkel gehaltenen Messer vom Schwanz bis zum Kopf abschaben, bis der Fisch ganz glatt ist.

3. Die Messerklinge in die kleine Öffnung vor der Schwanzflosse stecken. Den Fisch der Länge nach bis zu den Kiemen aufschlitzen. Mit einem Löffel die Innereien aus der Öffnung schaben, bis das Rückgrat zu sehen ist.

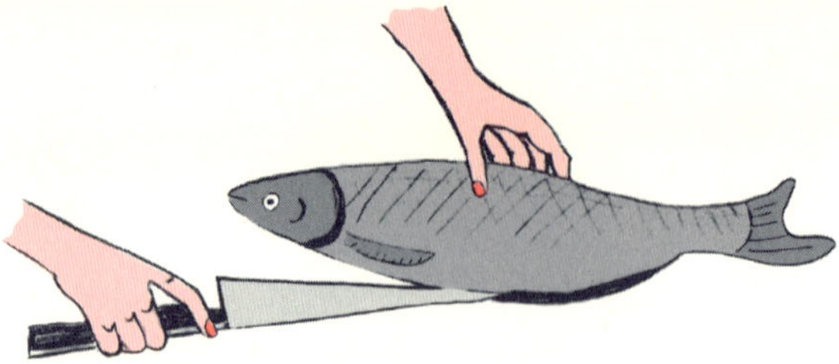

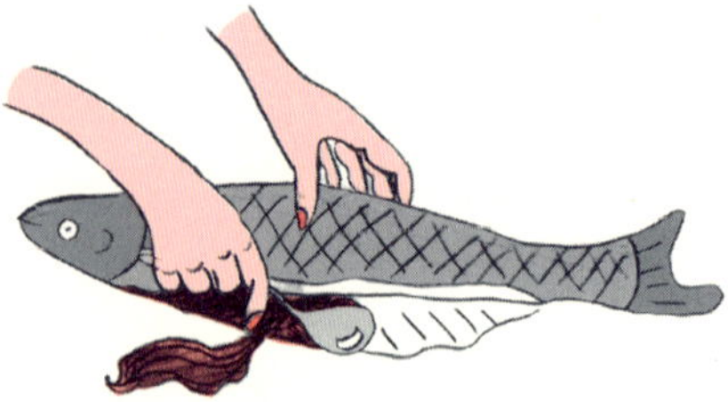

4. Falls man den Fisch nicht im Ganzen garen will, mit dem Messer den Kopf abschneiden, aber so, dass nicht zu viel Fleisch daran bleibt.

5. Fisch entlang der Rückenflosse einschneiden. Rückenflosse entfernen, indem man das Rückgrat von der Schwanzflosse nach vorn herauszieht, als zöge man einen Reißverschluss auf. So müssen die Gäste beim Essen nicht die ganze Zeit mit kleinen Gräten kämpfen.

DAMENPROGRAMM

Planen Sie mit Ihren nettesten und abenteuerlustigsten Freundinnen einen Picknickausflug. Fische fangen dürfen Sie zwar nur mit Angelschein, aber Sie können an vielen Stellen, z. B. an Fischteichen, fangfrische Fische kaufen, die Sie dann am Lagerfeuer grillen und bei einem Bier genießen. Sie werden solchen Spaß haben, dass es Ihnen gar nichts ausmacht, die Fische auszunehmen!

Ich kann … mich orientieren!

Für Leute ohne Orientierungssinn ist es schwer vorstellbar, dass »Orientierungsläufe« – also das absichtliche Verlaufen, um dann wieder zurückzufinden – das Hobby Tausender von Menschen sind. Das ist ein Club, zu dem wir nie gehören werden. Trotzdem würden wir uns gern zurechtfinden, ohne an der nächsten Tankstelle nach dem Weg fragen zu müssen. Eine Landkarte zu lesen und damit tatsächlich ans Ziel zu kommen ist für unabhängige, ausgebuffte Reisende einfach unerlässlich. Und wir können es auch!

Orientieren Sie sich

Mit dem Wissen, wo Norden ist, beginnt die Perfektionierung des Orientierungssinns. Und so finden Sie heraus, wo von Ihnen aus gesehen der Norden liegt:

1. Tagsüber findet man den Norden, indem man zunächst den Osten ausmacht – das ist die Richtung, in der am Morgen die Sonne aufgegangen ist.

2. Schauen Sie nach Osten und wenden sich dann um 90 Grad nach links. Nun schauen Sie nach Norden. Wenn Sie in diese Richtung gewandt stehen, liegt Westen links, Osten rechts von Ihnen und Süden natürlich hinter Ihnen. Prägen Sie sich diese Positionen auf Ihrem Weg ein.

Kartenstudium

Vielleicht haben Sie aus dem Geografieunterricht noch vage Erinnerungen ans Kartenlesen. Falls Sie es vergessen haben, frischen wir Ihre Erinnerung auf.

Betrachten Sie die Landkarte. Sehen Sie die Legende in dem kleinen

Kasten, wahrscheinlich am unteren Rand? Jede Karte hat eine Legende, in der die auf der Karte verwendeten Symbole erklärt werden. Schauen Sie sich die Legende an, und nehmen Sie den Maßstab zur Kenntnis. Messen Sie Entfernungen mit dem Finger ab, und erstellen Sie so Ihre Route. Unterscheiden Sie Autobahnen, Bundesstraßen, Landstraßen, Hauptverbindungsstraßen und Nebenstraßen. Bei Wanderkarten sollten Sie auf Höhenunterschiede achten, um diese in die Planung einzubeziehen. (Für zwei Kilometer Berganstieg brauchen Sie natürlich mehr Zeit und Kraft als für zwei Wanderkilometer in der Ebene.)

EXTRAPUNKTE!

Schließen Sie die Augen, und tippen Sie mit dem Finger auf einen Punkt einer Karte des nächstgelegenen Naturparks oder Wandergebiets. Machen Sie einen Ausflug dorthin, und benutzen Sie dabei nur Ihren Verstand und die Landkarte. Nicht mogeln und sich die Informationen online oder von Freunden besorgen! Es ist außerordentlich befriedigend, auf einer Reise nichts weiter als den eigenen Orientierungssinn zu benötigen.

Sehen Sie sich von oben

Ob im Wald oder mitten in der Stadt – versuchen Sie sich vorzustellen, Sie blickten von oben auf sich und Ihre Umgebung. So können Sie sich Ihre Position auf der Karte besser vorstellen. Experten raten, immer wieder zwischen Landkarte und Orientierung in der Realität zu wechseln, um einen besseren Orientierungssinn zu entwickeln.

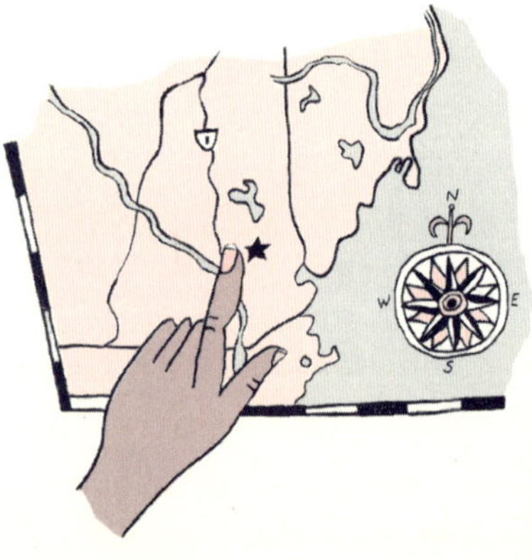

Ich kann ... Feuer machen!

Einer der größten Schritte in der Entwicklung der Menschheit, heißt es, war die Entdeckung des Feuers. Wenn Sie wissen wollen, was die damaligen Menschen empfunden haben, sollten Sie selbst lernen, Feuer zu machen! Was für ein Feuer Sie machen, hängt vor allem von der Umgebung und dem zur Verfügung stehenden Holz oder anderem Brennmaterial ab. Wir konzentrieren uns auf das simple Lagerfeuer und zeigen Ihnen, wie man ein Feuer entzündet, das kräftig brennt und Stunden vorhält.

Vorbereitung

Beim Camping sollte man natürlich Streichhölzer und Feuerzeug in wasserdichten Beuteln mitführen. Werden diese trotzdem irgendwie nass, kann man immer noch auf ein praktisches Feueranzünder-Set zurückgreifen (gibt es in Outdoor-Läden), das selbst im nassen Zustand funktioniert. Zunächst braucht man Holzspäne, Papier oder Gras (alles trocken!) als Zunder. Nun das Stahlteil des Anzünder-Sets in der einen und den Feuerstein in der anderen Hand halten. Das gebogene Stahlblatt festhalten und den Stein abwärts dagegenschlagen. So lange schlagen, bis man einen Funken sieht, und diesen dann rasch mit dem Zunder auffangen, um das Feuer in Gang zu bringen.

Feuerholz aufschichten

Zunächst eine Mischung aus trockenem Holz und Anmachholz sammeln. Man kann eine Kombination von Holzscheiten (falls vorhanden) oder Holzbrocken und kleineren Zweigen und Ästen verwenden. In feuchten Gebieten sucht man besser abgestorbene Äste an Bäumen, nicht am Boden liegendes Holz.

Den Bedarf an Holz für ein Feuer unterschätzt man leicht, also sammeln Sie etwa doppelt so viel Holz, wie Sie zu brauchen glauben.

Nun das Holz in Form eines Kegels oder Zeltes anordnen. Zunächst die größeren Äste so aufstellen, dass sie sich in der Mitte berühren, dann die kleineren Zweige zwischen die größeren stecken. Die kleinsten Teile in die Mitte legen. Falls vorhanden, kann man auch zerknülltes Zeitungspapier oder anderes Papier in die Mitte stecken, damit das Feuer schneller brennt. Mit Streichholz, Feuerzeug oder Zunder die kleinen Zweige oder das Papier anzünden. Brennt das Feuer nicht gleich, durch behutsames Fächeln anfachen, damit die Flamme Sauerstoff bekommt und größer wird.

Wenn das Feuer brennt, fallen die äußeren Holzscheite in die Mitte und sorgen so für Nachschub (falls nötig, mit einem Ast nachhelfen). Ein so aufgeschichtetes Feuer wird ganz von selbst ausbrennen. Wer befürchtet, das Feuer könnte außer Kontrolle geraten, während er schläft, kann das Lagerfeuer mit Sand oder Erde ersticken, bevor er in den Schlafsack kriecht. Eigentlich sollte man ein Feuer jedoch nie begraben – die Glut bleibt sehr lange heiß, und wenn jemand ahnungslos darauftritt, könnte er böse Verbrennungen erleiden.

Es sollte sich von selbst verstehen, dass Sie sich bei allen Wanderungen und besonders beim Feuermachen an die Vorschriften der zuständigen Forst- oder Naturparkverwaltung halten. Vor allem bei länger andauernder Trockenheit ist Feuermachen im Wald strikt verboten.

Mogelpackung!

Wenn Sie ohne Streichhölzer oder Feuerzeug Feuer machen müssen, können Sie sich mit Kamera, Teleskop oder Fernglas behelfen. Die Linse so halten, dass sie das Sonnenlicht in einem Punkt direkt auf den Zunder bündelt. Beginnt der Zunder zu schwelen, sachte fächeln und blasen, bis er Feuer fängt. Der Nachteil? Die Methode funktioniert nur tagsüber – und auch nur, wenn die Sonne scheint.

Ich kann … rudern!

In Kostümfilmen sieht es immer sehr romantisch aus, wenn das weiß gekleidete Mädchen malerisch im Boot lehnt, während sich ihr rudernder Begleiter in Anzug und Strohhut kräftig in die Riemen legt. In Wirklichkeit aber macht es sehr viel mehr Spaß, selbst zu rudern. Man braucht dazu nur ein klein wenig Technik und sehr viel Übung. Falls Sie es noch nicht versucht haben, können wir es nur empfehlen. So durchs Wasser zu gleiten wirkt beruhigend und therapeutisch. Um das Rudern richtig genießen zu können, sollten Sie unsere Tipps befolgen.

Grundtechniken

1. Vorsichtig in der Bootsmitte einsteigen, dabei das Gleichgewicht halten, damit man nicht kentert, und hinsetzen. Ist man zu zweit, muss man das Einsteigen koordinieren, damit nicht beide im Wasser landen.

2. Bequem zwischen den Rudern zurechtsetzen. Ruder ergreifen. Die Unterarme so anwinkeln, dass Handgelenke und Ellbogen etwas tiefer liegen als die Hände. Die Ruderblätter rechtwinklig zur Wasseroberfläche ins Wasser eintauchen.

3. Zum Rudern mit ausgestreckten Armen aus der Hüfte nach vorn beugen. Nun Arme beugen und die Ruder nach hinten ziehen, dabei zurücklehnen und Beine strecken. Aus der Haltung kommt hier die Kraft, also bitte hoch und gerade aufsetzen.

4. Arme vorstrecken, wieder vorbeugen und die Ruderblätter langsam wieder ins Wasser tauchen – stets im rechten Winkel zum Wasser – und den Vorgang wiederholen. Am Ende jedes Schlags die Ruderblätter aus dem Wasser nehmen, die Ruder wieder in die Ausgangsposition bringen und erneut ins Wasser tauchen.

5. Falls man die Richtung ändern will, lenkt man mit einem der Ruder. Für Linksdrehungen das rechte Ruder ins Wasser tauchen, für Rechtsdrehungen das linke.

Jargon

Steuerbord: die rechte Bootsseite

Backbord: die linke Bootsseite

Tipp: Bei Schiffen wird die Steuerbordseite durch ein grünes, die Backbordseite durch ein rotes Licht gekennzeichnet. Ruderer tragen zur Orientierung gern zwei verschiedenfarbige Socken. Eselsbrücke: links ist rot, wie in der Politik – und rot ist *Backbord*, wie das rote Lämpchen am *Backofen*.

Ich kann ... im Weitspucken gewinnen!

Zugegeben, Spucken ist eine eklige Angewohnheit und ein öffentliches Ärgernis. Aber haben Sie sich nicht schon immer gefragt, wie Jungs ihre Spucke beachtliche drei bis fünf Meter weit schleudern können? Das ist zwar widerlich, aber auch faszinierend.

Spuck's aus

Um wirklich gut spucken zu können, muss man zunächst im Mund Speichel sammeln. Am besten regt man den Speichelfluss mit extrem sauren Süßigkeiten, etwa sauren Drops oder Weingummis, an. (Ernährungsbewusste können auch Zitronensaft wählen. Es kann den Speichelfluss auch schon anregen, wenn man sich nur vorstellt, in eine Zitrone zu beißen.) Wenn sich genügend Speichel im Mund angesammelt hat, kann das Spucktraining beginnen.

Man sucht sich einen Platz im Freien, am besten an einem abgeschiedenen, grasbewachsenen Ort, wo man niemanden mit seinem unappetitlichen Training belästigt. Den Speichel ohne zu schlucken hinten in die Kehle ziehen, quasi zum Anlaufnehmen. Stellen Sie sich vor, Sie werfen einen Ball oder flippern und ziehen den Knopf zurück, um die Kugel abzuschnellen.

Um den Speichel so weit wie möglich zu schleudern, muss man ihn aus einem Kraftzentrum abschießen. Viele geübte Spucker benutzen angeblich sogar ihre Bauchmuskeln, um den Speichel mit Druck auszuspeien.

Der letzte Kraftschub aber kommt aus dem Mund, beteiligt sind Zunge, Zähne und Gaumen. Zum Üben eignet sich der Laut »fuiii«; er hilft, den

Speichel herauszuschleudern, als würde man eine Rakete abschießen.

Noch nicht angeekelt? Gut. Aber wenn Sie demnächst einmal Zeit haben, die passenden Süßigkeiten in Hand- oder Hosentasche und niemanden in der Nähe, der »igitt« sagt, lassen Sie Ihre Spucke fliegen. Mit genügend Übung können Sie die Rekordweite überbieten, wenn Sie das nächste Mal mit Jungs spielen.

EXTRAPUNKTE!

Für das Spucken mit offenem Mund gibt es einen speziellen Trick. Nach Auskunft unseres Experten besteht er darin, direkt vor dem Zielspucken zu gähnen. Durch das Gähnen wird Speichel produziert und eine größere Zielgenauigkeit erreicht.

Ich kann … Steine titschen!

Wir haben immer unsere älteren Cousins bewundert, die aus dem Handgelenk flache Steine über den See hüpfen ließen. Es sah so magisch aus und so … cool. Unsere Versuche, Steine springen zu lassen, endeten meist mit einem mickrigen, wenn auch hoffnungsvollen Hüpfer, rasch gefolgt von peinlichem Versinken. Was war das für ein Zaubertrick, den diese Jungs zu beherrschen schienen? Wie sich herausstellt, war es nicht Magie, sondern eine kräftige Portion Naturwissenschaft.

Grundtechniken

1. Den richtigen Stein auswählen. Ein guter Hüpfstein ist breit und flach, fast handtellergroß und gleichmäßig dick. Er sollte außerdem ein angenehmes Wurfgewicht haben, etwa so viel wie ein Tennisball. Ist der Stein zu schwer, ist er nicht aerodynamisch. Ist er zu leicht, entwickelt er nicht genügend Geschwindigkeit zum Hüpfen.

2. Den Stein zwischen Daumen und Mittelfinger halten, mit dem Daumen nach oben und dem Zeigefinger entlang der Kante.

3. Etwas schräg zum Wasser stellen, mit der Seite der Wurfhand dem Ufer zugewandt. Diese Position beim Werfen beibehalten. Mit dem Wurfarm in einer fließenden Bewegung um den Körper herum hinter sich und wieder nach vorne ausschwingen. Die Schleuderbewegung kommt aus der Schulter, dem Ellbogen- und dem Handgelenk. Das Handgelenk in eine abgewinkelte Haltung schnellen lassen, wenn man den Griff öffnet und den Stein loslässt. Die Hand tief halten und die Augen auf die Wasseroberfläche richten.

4. Vor dem Werfen stellt man sich vor, man würfe gleichzeitig nach vorn und abwärts, und schleudert den Stein fast parallel (höchstens im 20-Grad-Winkel) zur Wasseroberfläche, als wolle man sie rasieren.

Versuchen Sie so schnell (aber nicht so hart) wie möglich zu werfen, denn Geschwindigkeit ist hier das Wichtigste. Nun den Stein loslassen und ihm dabei mit der klassischen Schleuderbewegung aus dem Handgelenk einen leichten Drall geben.

5. Den Augenblick der Ruhe genießen, wenn Ihr Stein übers Wasser tanzt.

Gut zu wissen:

Den Rekord fürs Steinetitschen hält ein Mann aus Texas, dem bei einem einzigen Wurf eindrucksvolle 38 Hüpfer gelangen!

Ich kann … Holz hacken!

Sie sind kein »unbeugsamer Individualist«, solange Sie Ihr Feuerholz noch nicht selbst hacken. Wenn Sie das noch nie gemacht haben, klingt die Vorstellung vom Holzhacken und Holzspalten vielleicht bedrohlich. Holzhackerinnen versichern uns aber, dass das Schwingen einer Axt berauschend wirkt. Also ziehen Sie Ihr Flanellhemd an, und ran an die Baumstämme! Nach dieser kurzen Lektion werden auch Sie die Freuden eines kräftigen Axtschwungs genießen können.

Die Axt im Haus

Äxte gibt es in den verschiedensten Formen und Größen. Es gibt Äxte mit einer oder zwei scharfen Seiten. Für Anfänger sind erstere besser geeignet. Wir empfehlen, mit einem kleineren Modell anzufangen und bei verbesserter Technik zu einem größeren überzugehen.

Falls Sie mit einer gebrauchten Axt arbeiten, kontrollieren Sie, ob die Schneide kürzlich geschärft wurde. Eine stumpfe Schneide ist gefährlich, weil damit das Holz springt und Ihnen Splitter um die Ohren (und ins Auge) fliegen können.

Und so wird gehackt

Bäume fällt man in der Regel mit einer Kettensäge, und das ist sehr gefährlich, also nehmen wir an, dass Ihr Baum bereits gefällt ist. Als Anfängerin suchen Sie sich zum Üben am besten ein weiches Holz wie Kiefer, Fichte oder Tanne aus.

Das A und O beim sicheren und vorschriftsmäßigen Holzhacken ist der richtige Griff. Rechtshänder greifen mit der linken Hand die Unterseite der Axt und mit der rechten Hand den Stiel etwa ein Drittel unterhalb des Endes. Die Hände sollten sauber und frei von Holzkrümeln sein, damit man wirklich fest zupacken kann. Nun kann es losgehen. So hackt man sicher und effizient:

1. Den Holzklotz auf eine feste, ebene Oberfläche, etwa einen Baumstumpf oder den Boden, legen. Mit entspannten Schultern vor den Holzklotz stellen, die Füße etwa hüftbreit auseinander, die Hände halten die Axt in der oben beschriebenen Ausgangsposition. Bevor man die Axt schwingt, stellt man sich folgenden Bewegungsablauf vor: Mit festem Handgriff in der Ausgangsposition die Axt vorsichtig über die rechte Schulter heben. Mit der führenden Hand oben die Axt abwärts schwingen. Die rechte Hand sollte beim Auftreffen aufs Holz leicht über den Stiel auf die linke Hand zu gleiten.

3. Hat man sich diese Bewegung vorgestellt, macht man einen Übungsschlag. Dabei einen Sicherheitsabstand zum Holzklotz einhalten, um nicht von fliegenden Holzstückchen oder gar der Axt selbst verletzt zu werden. Wenn Sie schlecht zielen, könnte die Axt vom Klotz abrutschen. Daher müssen sich Ihre Füße und Unterschenkel möglichst weit außerhalb des Schwungradius befinden. Wenn Sie zum ersten echten Schlag bereit sind, vergessen Sie nicht, die Arme gestreckt zu halten, wenn Sie die Axt nach unten schwingen.

3. Merke: Die Kraft des Axtschwungs ist lange nicht so wichtig wie die Genauigkeit. Die Axt treibt man in einem 45-Grad-Winkel ins Holz.

4. Um einen Klotz in zwei Stücke zu hacken, schwingt man die Axt so, dass man einen V-förmigen Keil ins Holz schneidet. Beim schrägen Einschlagen folgt man der Maserrichtung des Holzes, was das Spalten vereinfacht. Sobald man eine V-Form aus dem Holz gehackt hat, kann man das restliche Holz direkt durchhacken.

Kernspaltung

Holz zu spalten ist entschieden schwieriger als Holz zu hacken. Anders als beim Hacken erfolgt das Spalten in einem einzigen Schlag. Das lernt man am besten, wenn man einem Könner zuschaut. Wir empfehlen, einen Lieferanten für Feuerholz anzurufen und bei ihm eine Lektion im Holzspalten zu buchen. Tragen Sie immer eine Schutzbrille, um Augenverletzungen zu vermeiden.

DAMENPROGRAMM

Haben Sie sich je gewünscht, Arme wie Angelina Jolie in Tomb Raider zu haben? Die Lösung heißt Holzhacken! Der Axtschwung trainiert Schultern, Bizeps und Trizeps gleichzeitig. Sie werden sie am nächsten Tag alle spüren!

Ich kann … Knoten machen!

Palstek, Kuhstek, Slipstek – nein, wir sind nicht mehr im Grill-Kapitel, statt raffinierter Steak-Zubereitungen geht es nun um Knoten.

Man könnte sein ganzes Leben oder zumindest einen Gefängnisaufenthalt damit zubringen, alle Knoten dieser Welt zu lernen. Die Kunst des Knotens ist aber nicht nur Strafgefangenen, Seglern oder Pfadfindern vorbehalten – der richtige Knoten ist die Rettung in vielen Lebenslagen, ob man nun Dinge auf dem Auto festbindet oder sich selbst in Sicherheit bringt. Aus der großen, weiten Knotenwelt haben wir vier ausgewählt, die Ihnen vielleicht nützen können.

Einfacher Hausfrauenknoten

Dieser einfache Knoten macht sich in fast jeder Situation nützlich.

1. Rechtshänder fassen das Seil etwa 30 cm unterhalb des Endes mit der linken Hand.

2. Mit der rechten Hand eine Schlaufe formen, so dass unten an der Schlaufe, wo das Seil sich überkreuzt, eine X-Form entsteht.

3. Das X mit der linken Hand halten, mit der rechten Hand das Seilende durch die Schlaufe ziehen und fest anziehen.

Chirurgenknoten

Der richtige Knoten, um zwei Schnüre zusammenzubinden.

1. Schnüre so nebeneinanderlegen, dass sich die Enden um etwa 7–8 cm überlappen.

2. Beide Schnüre an der Überlappungsstelle zusammen greifen und einen Hausfrauenknoten machen, die Schlaufe aber nicht festziehen.

3. Beide Schnurenden noch einmal durch die Schlaufe ziehen.

4. Durch Ziehen an beiden Enden den Knoten straffziehen.

Palstek

Zum Festbinden von Gegenständen ist dies der Knoten der Wahl.

1. In einem Nylonseil 45 bis 60 cm unterhalb des Seilendes eine kleine Schlaufe machen. Diese Schlaufe nennt man das »Loch«.

2. Seilende nach oben durch das Loch ziehen, um das Seil führen und wieder nach unten durchs Loch schieben.

3. Knoten straffziehen.

Halber Schlag

Genau der richtige Knoten, um etwas an Pfählen oder Stangen festzubinden. Der Einfachheit halber bezeichnen wir in unserer Anleitung das eine Seilende als *A* und das andere als *B*.

1. Seil von rechts nach links um die Stange legen. Ende B in der rechten, A in der linken Hand halten.

2. Seil noch einmal von rechts nach links um die Stange schlingen, sodass es doppelt herumgewickelt ist.

3. Ende *B* immer noch in der rechten, *A* in der linken Hand halten. *B* unter *A* durchführen, sodass ein *X* entsteht.

4. Ende *B* durch das Loch stecken, das über dem *X* entsteht. *B* liegt danach wiederum in der rechten Hand.

5. Nun *B* um *A* schlingen

6. Zum Schluss das Ende von *A* durch die so gebildete Schlaufe nach oben ziehen und den Knoten festziehen.

Gut zu wissen:

Der Mensch ist nicht das einzige Tier, das Knoten machen kann. Man weiß, dass Gorillas Knoten in junge Zweige schlingen, um ihre Schlafnester zu befestigen. Auch Webervögel beherrschen Dutzende verschiedener Knoten und bauen aus trockenem Gras ihre wunderschönen, kompliziert gewebten Nester.

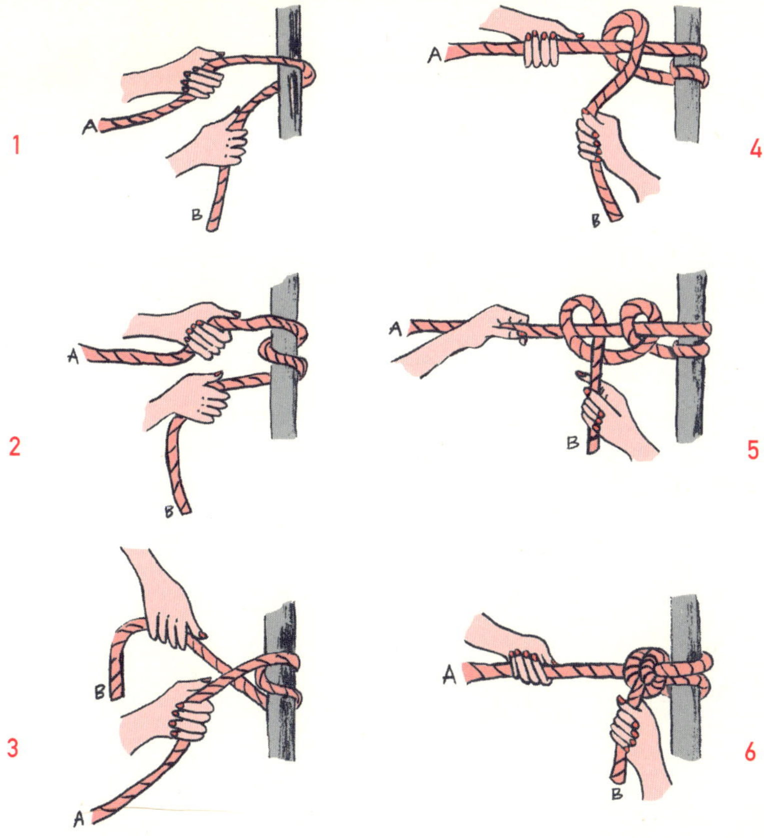

Halber Schlag

Quiz

Sind Sie eine emsige Ameise oder eine hilflose Schnecke?

1. Die Flosse oben am Fisch heißt

   a. Rückenflosse
   b. Haifischflosse
   c. Flipper

2. Backbord und Steuerbord sind

   a. die Seiten von Booten oder Schiffen
   b. die Borten an Kapitänsuniformen
   c. die Namen von Ikea-Küchenregalen

3. Was hilft Ihnen nicht, mehr Speichel zu produzieren und somit weiter zu spucken?

   a. Wasser trinken
   b. An eine Zitrone denken
   c. Ein Stück Weingummi kauen

4. Steine titscht man am besten in einem Winkel von

   a. 20 Grad
   b. 45 Grad
   c. 90 Grad

5. Welche Tiere können Knoten machen?

   a. Gorillas
   b. Pandabären
   c. Eichhörnchen

Ergebnis

Überwiegend A: Waldweib!

Die Teilnehmer von »Ich bin ein Star, holt mich hier raus« sind nichts gegen Sie! Sie können die Axt schwingen, Fische ausnehmen und jedem Mann auf zwei Meter ins Auge spucken, der glaubt, einen besseren Palstek als Sie zu knüpfen.

Überwiegend B: Pfadfinderin!

Eine Wanderung werden Sie überleben, aber für die echte Wildnis reicht es noch nicht ganz. Beschränken Sie Ihre Outdoor-Aktivitäten aufs Grillen und etwas Rudern.

Überwiegend C: Stadtpflanze!

Hören Sie auf uns, und wagen Sie sich niemals über die Vorstadt hinaus. Lassen Sie es uns so sagen: Ihre Überlebenstaktiken eignen sich eher für den Großstadtdschungel.

Nachwort

So, das war's – nämlich alles, was Sie schon immer über die gar nicht so geheimnisvolle Männerwelt wissen wollten (und einiges, das Sie wahrscheinlich nicht wissen wollten). Und wissen Sie was? – Jungs machen nicht nur diese Sachen, sondern sie reden dabei auch über nichts anderes. Es ist kaum zu glauben, aber wenn Ihnen der Mann in Ihrem Leben erzählt, er habe mit Rolf Golf gespielt und sie hätten über Fußball, Whisky und die Auswirkungen eines bestimmten Burritos auf ihren Magen geredet (okay, wir konnten nicht alles berücksichtigen), dann sagt er die reine Wahrheit. Nicht auszudenken, dass sie mit diesem überschaubaren Set an Fähigkeiten jahrtausendelang die Welt beherrscht haben!

Wir hoffen, wir haben Ihnen eine gute Ausgangsposition verschafft. Wir haben viele Themen gestreift – praktische und weniger praktische –, um endlich zu entmystifizieren, was die Jungs immer für sich behalten wollten. Da Sie nun wissen, wie man die Abseitsregel erklärt, eine Axt schwingt und eine Rede hält, erschließt sich Ihnen eine ganz neue Welt. Aber seien Sie gewarnt: Widmen Sie sich nicht allzu enthusiastisch dem Holzhacken, Bilderaufhängen und Reifenwechseln. Dann bliebe den Typen nichts mehr zu tun. Wenn Sie Regale anbringen, sollte er die Fenster putzen, nicht den Playboy lesen. Wir wollten Ihnen alles Nötige vermitteln, damit Sie sich aussuchen können, welche Aufgaben und Aktivitäten Ihnen am meisten Spaß machen, und Sie nicht auf die beschränkt bleiben, die Sie gelernt haben.

Und nun hinaus ins Leben, auf zu exklusiven Frauenclubs, Pokerabenden mit den Mädels und herrlich sexistischem WM-Couchfußball. Aber die Jungs laden wir nicht ein. Nur weil wir jetzt ihre Tricks kennen, heißt das noch lange nicht, dass wir nun auch mit ihnen spielen wollen.

Danksagung

Leigh und Jennifer danken allen Frauen, die sie interviewt haben, besonders Tricia Wright, Molly Sims, Kendra Danielsen, Sarah Noonan, Jen Rudd, Kate Scott, Tonya Phillips und Erin Dayan. Diese Frauen können Dosen schießen, einen Platten beheben, dreckige Witze erzählen und sogar schießen. Was will frau mehr?

Danke auch an Annie Barrows, Micaela Heekin und Jay Schaefer.

Register

Register

Register

»Wohltuend für alle Frauen, die mit der Schwangerschaft nicht gleich zur Übermutti werden wollen.«

FREUNDIN

Annette Wenzel
ALLES BLEIBT ANDERS
Das ehrliche Schwangerschaftsbuch
Lebenshilfe
176 Seiten
ISBN 978-3-404-66412-2

Kaum rundet sich der Bauch, werden wir für unsere Umgebung zur Mutti. Danke für die Glückwünsche, aber was sollen wir mit dem Bündel von Mythen und Geboten, das uns jetzt begegnet? Wenzel »räumt gründlich auf mit sämtlichen Klischees rund um Schwangerschaft und angestaubte Mutterbilder.«

KÖLNER STADT-ANZEIGER

Ein ehrliches Buch über ein wundervolles irdisches Glück.

Bastei Lübbe Taschenbuch

Dieses Buch bringt die Leidenschaft zum Kochen – lassen Sie sich verführen!

Alexandra Antonioni
NASCH MICH
Köstlichkeiten
für alle Liebeslagen
Mit einem Vorwort von
Ralf Zacherl
Aus dem Englischen von
Heike Rosbach
Sachbuch
288 Seiten
ISBN 978-3-404-60583-5

Der kulinarische Romantik-Ratgeber: Vom Verführungsdinner über das Frühstück nach der ersten Liebesnacht, Picknicks für die Kuschelphase und tröstende Leckerbissen bei Liebeskummer. Gespickt mit erfrischenden Anekdoten, pikanten Zitaten, knackigen Ratschlägen und natürlich vielen leckeren Rezepten.

Bastei Lübbe Taschenbuch

Scheitern macht glücklich – denn es ist die Voraussetzung für Veränderung. Ohne Krisen und Probleme kommen wir nicht weiter.

Michael Mary
DAS LEBEN LÄSST FRAGEN, WO DU BLEIBST
Wer etwas ändern will braucht ein Problem
Sachbuch
256 Seiten
ISBN 978-3-404-60585-9

Wer sein Glück einzig mit simplen Erfolgsrezepten und »goldenen Tipps« sucht, befindet sich auf dem Holzweg. Michael Mary erklärt dagegen das Leben, wie es wirklich ist: als eine Geschichte fortwährenden Scheiterns. Nur weil wir immer wieder aufs Neue Niederlagen einstecken müssen und zur Bewältigung von Krisen gezwungen werden, empfinden wir unser Leben als wertvoll und lebenswert.Mit diesem Buch kann die nächste persönliche, partnerschaftliche oder soziale Krise kommen.

Bastei Lübbe Taschenbuch

Mit »Baustelle Mann« findet jede Frau ihre Luxusliegenschaft

Sonya Kraus
BAUSTELLE MANN
Der ultimative Love-Guide
Ratgeber
224 Seiten, zweifarbig
mit zahlreichen llustrationen
ISBN 978-3-404-66407-8

Was Sie in den Händen halten, ist die Betriebsanleitung für den Mann: wie er tickt, was er will und wie er uns in die Venusfalle geht! Denn das ist es doch, was wir Frauen wollen: einen Mann – und zwar einen, der funktioniert! Kleine geniale Tipps und Tricks für das Bauprojekt Liebe, fein säuberlich zusammengetragen in diesem Buch: wie wir ihn anbaggern, aufreißen und festnageln!